Daniel Niederberger

Großeltern sein

Es wäre doch so einfach

AF544138

Publishing Partners

«Ich komm mir vor wie in einem Comic!
Wir sind ja bloß die Großeltern.»

Auf der Terrasse eines Cafés eine Großmutter zu ihrem Mann, nachdem sich deren Tochter mit den Enkelkindern von ihnen verabschiedet hatte.

Daniel Niederberger

Großeltern sein

Es wäre doch so einfach

ISBN 978-3-907147-25-2

1. Auflage, August 2022

© Verlag Publishing Partners

Umschlagzeichnung und Illustrationen: Daniel Niederberger
Korrektorat: Marlis Boeschenstein
Satz: Adobe InDesign im Verlag
Druck und Vertrieb: Books on Demand, Norderstedt
Herstellung und Verlag: Publishing Partners, Biel-Bienne

Mein besonderer Dank gilt meiner Patin, Lily Fischer, unter anderem auch Großmutter, die im hohen Alter meinen Text kritisch auf Inhalt und Sprachlichkeit prüfte – und ich so auch als «Göttibueb» (Patenkind) dieses Buch schreiben konnte.

Inhalt

Einleitung

Großeltern sein. Es wäre doch so einfach. Die eigenen Kinder werden Eltern, man bekommt Enkelkinder, selbst wird man Großmutter oder Großvater, man hütet oft oder ab und zu. Man nimmt am Leben der Großkinder teil, teilt Zeit mit ihnen. Man zeigt ihnen Sachen und Orte, die man ihnen gerne zeigen würde, kocht für sie die alten Rezepte und nimmt sie allenfalls ab und zu mit in die Ferien. Man kann die Eltern entlasten. Zufriedene Großeltern mit glücklichen Enkelkindern. Das wäre die Idylle, so spielt es sich oft ab.

Aber eben, oft ist dieses Großelternsein nicht so einfach. Die eigene Familiengeschichte, die nicht ganz einfach war. Alte Spannungen und Schwierigkeiten mit den eigenen Kindern fangen wieder an zu gären. Oder die Partnerwahl des eigenen Kindes gibt Anlass zu Sorgen, es ist nicht der ideale Vater oder die ideale Mutter für die Enkelkinder. Die Sorge um das Enkelkind, was es benötigt, wie es erzogen werden sollte, verleitet dazu, wirksam helfen zu wollen. Meinungen über Erziehung und was ein Kind braucht, können nicht geteilt werden. Freies und unbesorgtes Begegnen und Zeitverbringen mit den Enkelkindern werden gestört, vielleicht vermindert.

Jede Generation sieht, spürt und interpretiert ihre Welt wieder anders. Das Aktuelle ist immer wahr, das Maß, die Realität, vor allem für diejenigen, die diese Aktualität prägen. Aus der zeitlichen Distanz ist vieles nur anders, modisch, im Grunde genommen immer noch gleich. Und doch, jede Generation hat eine andere Welt und für so manches ein anderes Verständnis. Als Familientherapeut – zum Zeitpunkt des Verfassens dieses Textes schon rund vierzig Jahre im Berufsfeld Jugend, Familie, Kinder und Erziehung – kann ich den Versuch machen, Wandel aufzuzeigen und Generationenunterschiede zu beschreiben. Gut einschätzen, in welchen Umständen man lebt, mit wem man versucht, zurechtzukommen und Moden von Grundlegendem unterscheiden, kann helfen, das Miteinander zu vereinfachen.

Enkelkinder sind eine Chance für Großeltern und umgekehrt. Sie stehen aber in sehr unterschiedlichen Lebensphasen und haben gegenseitig nicht die gleich wichtige Bedeutung zur Erfüllung ihres Lebensabschnittes. Kind ist man mit oder ohne Großeltern. Kinder fühlen sich kaum einmal in ihrem alltäglichen Leben in einer Identifikation als Enkelkind. Großeltern sein ist eine Rolle, hat eine Lebensbedeutung nebst bald oder schon in Rente sein. Die gegenseitigen Ansprüche sind nicht gleich groß. Ich möchte in diesem Text die Ansprüche beider Seiten vertreten.

In den Fragestellungen nach einer guten Qualität von Beziehung zwischen Großeltern und Enkelkindern orientiere ich mich an der Möglichkeit, dass diese beiden Generationen eine eigene Beziehung aufbauen können. Dass Großeltern mit den Enkelkindern eigene Begegnungen leben können und somit eigene Eindrücke voneinander bekommen. Also mehr als sich nur im Beisein der mittleren Generation begegnen zu können. Damit will ich den Wert von Beziehungen zwischen Großeltern und Enkelkindern, die fast nur im Beisein der Eltern stattfinden, Begegnungen bei Besuchen oder Familienanlässen, nicht mindern. Oft lassen es die Umstände nicht zu, man lebt beispielsweise zu weit auseinander. Sich kennen und erleben ist immer wertvoll.

Ich rede in diesem Text von Eltern, Mutter und Vater, der klassischen Form. In dieser Form sind einfachheitshalber Stief-, Adoptiv- oder Beziehungseltern mit inbegriffen. Ob es die leiblichen Eltern sind, ist vielleicht gar nicht so wichtig. Faire, liebende, gute, solidarische und nahe Personen, zu denen eine elterliche Beziehung, Bindung gewachsen ist, sind wichtig für ein Kind. Das Wichtigste für Kinder ist, in einem guten und fairen Klima aufwachsen zu können. Ich erinnere an Waisen und Adoptierte, die genauso gute Erwachsene werden können wie alle andern auch.

Familiengeschichten über drei Generationen sind sehr unterschiedlich. In diesem Buch schreibe ich stark vereinfachend und generalisierend, beschreibe Strömungen und Tendenzen, skizziere relativ grob im Spektrum des westlichen Kulturkreises. Ich will Aspekte und Blickwinkel aufzeigen, die helfen können, sich an der eigenen individuellen Lebensgeschichte zu orientieren.

Zur Einstimmung: Einige gut mögliche Konstellationen

Zur Einstimmung in die Thematik skizziere ich einige gut mögliche Familienkonstellationen im Wechselspiel zwischen Großeltern, Eltern und Kindern. Sie sind fiktiv, aber aus dem wahren Leben meiner Erfahrung als Familientherapeut zusammengestellt.

Endlich Zeit für die Großkinder

	Großeltern **Agata** (GM) + **Albert** (GV)	
Adrian + ***Frau*** mit Melanie	***Andrea*** + ***Walter*** mit Lia, Luca	***Angela*** + ***Mann***
	Großeltern **Wilma** (GM) + **Wilfred** (GV)†	

Agata (GM) hatte etwas Pech mit **Albert** (GV). Seinen Beruf, Schriftsetzer, gab es bald nicht mehr. Er verpasste den Umstieg in einen anderen Beruf und arbeitete als Lagerist. Sein Lohn war bescheiden. Neben den drei Kindern war **Agata** gezwungen, zusätzlich zur Hausarbeit berufstätig zu sein. Ohne Lehre arbeitete sie 70 bis 80% als Verkäuferin. **Albert** verlor während seiner unbefriedigenden Berufskarriere seinen jugendlichen Schneid und ging als eher griesgrämiger Mann in den Ruhestand. Er klagt viel über rheumatische Beschwerden und will vor allem seine Ruhe haben. Ihr gemeinsames Zuhause ist eintönig. **Agata** sehnte sich nach Großkindern. Sie wollte sich ihnen nach der Pensionierung widmen können, Kinder genießen können, was ihr selbst als Mutter nie recht vergönnt war. Sie hätte ja gerne mehr als nur drei Kinder gehabt.
Adrian, ihr Ältester, lebt in Deutschland, verheiratet, ein Kind. ***Angela***, die Jüngste, wurde Managerin, hat keinen Kinderwunsch.

Sie ist mit ihrem Mann oft auf Reisen. Andrea, das mittlere Kind, wohnt in der Nähe. Ihre Kinder Lia und Luca wurden drei beziehungsweise bald zwei Jahre alt, als **Agata** endlich in Pension gehen konnte.

Andrea ist medizinische Praxisassistentin, ihr Mann ***Walter*** Archivar, studierte Geschichte. Sie teilen sich Einkommensarbeit, Haushalt und Erziehung. Sie wohnen günstig in ***Walters*** Elternhaus, seine Mutter oben, sie im Parterre mit Garten. Leider in einem Ein- und Zweifamilienhausquartier, in dem der Generationenwechsel noch nicht stattgefunden hat. Familien mit gleichaltrigen Kindern wohnen nicht an dieser Straße. ***Andrea*** und ***Walter*** bräuchten eigentlich keinen Kinderhütedienst. Sie wollen ihre Kinder aber schon früh in eine Kita geben, damit sie den Umgang mit andern Kindern lernen und andere Gspänli bekommen als nur das Geschwister.

Walters Vater lebt nicht mehr. Seine Mutter **Wilma**, ehemalige Hausfrau und Klavierlehrerin, ist immer wieder vielseitig beschäftigt. So nah im gleichen Haus, schaute **Wilma** besonders in der Babyphase öfter zu Lia und Luca, hat sie oft in den Schlaf gesungen. Ist **Wilma** zu Hause, kann es gut sein, dass Lia einfach mal zu ihrer Oma hoch steigt.

Mit **Agatas** Pensionierung führten ***Andrea*** und ***Walter*** einen Oma-**Agata**-Halbtag ein. ***Andrea*** erhöhte ihr Arbeitspensum um 10%. ***Walter*** wollte und konnte dies nicht. Keine Notwendigkeit für die beiden. Es war mehr ein Gefallen für **Agata**, um ihr zu helfen, aus der Langeweile zu kommen. Und mit etwas Hoffnung verbunden, **Albert** aus seiner Lethargie zu holen, wenn sie die Kinder hüten.

Für **Agata** war dieser halbe Tag nur das absolute Minimum. Sagte es aber niemanden. Weil sie schon so oft ihre eigenen Kinder darauf angesprochen hatte, wie gern sie ihnen damals mehr Zeit gegeben hätte und was sie ihnen alles mehr hätte mitgeben können. Doch hörte sie von ihnen nur immer, es sei ja gut gewesen, ihnen hätte nichts gefehlt und so seien sie eben sehr selbstständig geworden. Können oder wollen sie nicht begreifen? Und die richtigen Worte, dass sie nun ein Recht hätte, viel mehr Zeit, Lia und Luca widmen zu können, fand sie nicht.

Bald kreuzte **Agata** fast rein zufällig während ***Andreas*** Kindertagen auf, musste was erzählen, brachte Früchte oder hatte eine Idee, was sie mit Lia und oder Luca machen könnten. Oder war durchaus bereit, mit allen dreien einkaufen zu gehen. ***Andrea*** war sich nicht gewohnt, so viel Zeit mit ihrer Mutter zu verbringen, und deren Andeutungen, sie sei eine Glucke, nervten. ***Andrea*** gab sich zunehmend kurz angebunden. So wich **Agata** auch auf die Tage von ***Walter*** aus. Der fand das gar nicht so schlecht, konnte er doch so mehr an seiner Dissertation, die mal gemacht werden musste, weiterschreiben. Bald aber beklagte sich **Wilma**, dass sie die Kinder weniger bei sich habe. Und sie richtete es so, dass sie die Kinder früher als gewohnt zu sich hinauf nahm. **Agata** kam dann öfter vergebens, beziehungsweise bat um einen Kaffee und verpasste ***Walter***. Und ließ durchblicken, dass die Großmutter-Enkelkinderzeiten aufgeteilt werden sollten. Sein Vorschlag, die beiden Großmütter sollten sich selber absprechen, war gut gemeint, funktionierte aber nicht. Die zwei Omas hatten sich so sehr gestritten, dass sie sich am Ende darüber einig waren, am bevorstehenden Heiligabend sicher nicht mehr gemeinsam anwesend sein zu wollen.

Lia machte bald einmal eine Bemerkung, dass **Agata** immer genau wissen wolle, was sie bei **Wilma** spiele. Aber beide, Luca und

sie, bekamen, einfach so, von **Wilma** und **Agata** neue Spielsachen oder Süßigkeiten geschenkt.
Andrea und ***Walter*** gerieten zunehmend in Diskussionen, welche der beiden Großmütter ein Spiel treibe, welche als Großmutter geeigneter sei, wer was seiner eigenen Mutter klarstellen sollte und wie. Und ***Andrea*** fand, dass ihre Schwiegermutter ihr eher ausweiche und angefangen habe, ihr Sachen über Lia auszurichten oder ***Walter*** nach oben bitte für weiß nicht was. Einmal sagte ***Andrea***, ihr wäre bald lieber, sie zögen in eine unabhängige Wohnung, darüber müsse man sich Gedanken machen, was ***Walter*** mit einem fast kategorischen Nein quittierte.
Walter und ***Andrea*** waren dann sehr froh, dass die Eltern einer Emma, die gleich alt war wie Lia und seit rund vier Monaten drei Häuser weiter wohnten, fragten, ob sie sich vorstellen könnten, dass die beiden Mädchen, die seit kurzem öfter draußen zusammen spielten, nächstens zusammen zwei Tage die Woche in die gleiche Kita gehen könnten. Das gab ihnen eine gute Argumentation, das Vorhaben mit der Kita umzusetzen, und zwar gleich mit beiden Kindern. Sie versprachen dafür **Agata**, dass sie für Wochenendhüten bevorzugt werde, was **Wilma** wenig ausmachte, denn an Sonntagen besuchte sie gern Matineen.

Doch noch ein Enkel

	Großeltern **Bettina** (GM) + **Balz** (GV)	
Bea + Stefan mit Kira, Kaja, Keno	***Belinda + Mann*** mit Joy, Jana	***Barbara***
Großeltern **Susanna** (GM) + **Sepp** (GV)		

Balz war mit **Bettina** verheiratet. Als Ingenieur konstruierte er die kompliziertesten Spezialmaschinen. **Balz** freute sich auf das erste Kind, er wählte den Bubennamen. Es wurde eine ***Bea***. Es gab dann ein zweites Kind, auch für dieses hatte er sich schon einen

Knabennamen ausgedacht, doch wieder wurde es ein Mädchen: ***Belinda***. Mit Kleinkindern konnte er nichts anfangen, das war **Bettina** bald klar. Sie hoffte aber, dass er, wenn die zwei Töchterchen mal drei, vier Jahre alt wären, mit ihnen mehr mache, als ihnen Ski fahren, Schwimmen oder Fußball spielen beizubringen. **Balz** blieb mehrheitlich mit seinem Beruf, als Hauptmann im Militär, mit der Lokalpolitik und dem Fußballverein beschäftigt. **Bettina** war Mutter, Erzieherin und Taktgeberin der Familie.
Der nicht existierende Stammhalter war das Sujet ihrer sich einschleichenden Eheprobleme. Die Liebe hielt, ein drittes Kind wurde erwartet, und das Einkommen reichte für ein Eigenheim. Eine notwendige Ultraschalluntersuchung wegen der Schwangerschaft zeigte, dass man mit einem Kaiserschnitt rechnen müsse. Der Arzt erwähnte, dass es ein Mädchen werde. **Balz** besprach mit dem Architekten, auf dem Dachboden Platz für einen Modelleisenbahnraum zu planen.
Immerhin, die drei Kinder forderten Zeit und Engagement, **Balz** wurde doch noch ein tauglicher Mitbetreuer in der Familie. Die Modelleisenbahn bleibt bei fünf Weichen und drei Abstellgleisen als angefangenes Projekt stehen. Zu ***Barbara***, der Jüngsten, fand **Balz**, sobald sie kein Baby mehr war, einen guten Zugang und verbrachte mehr Zeit mit ihr. Für sie kaufte er einen Bagger für den Sandkasten, für sie gab es die Briobahn, und das Verkehrshaus in Luzern wurde die Regenausflugsvariante. Später gabs eine Dampfmaschine, obwohl nur er sie bedienen konnte. Und Fußball sollte sie auch spielen, was sie gern tat. **Bettina** mahnte ihn, er solle aus ***Barbara*** keinen Jungen machen wollen. Er meinte, sie interessiere sich doch für all das. In der Pubertät lehnte sich ***Barbara*** heftig gegen die Eltern auf, wurde Punk, machte dann doch noch eine Lehre, aber auswärts. Gegenüber ***Bea*** beklagte sie sich einmal, dass sie nicht wisse, ob sie Mann oder Frau sei, wegen dem Vater. ***Bea*** antwortete, sie habe wenigstens einen Vater gehabt, sie selber nur einen Ski- und Schwimmlehrer.
Die Wege der erwachsenen Töchter verliefen unterschiedlich: ***Belinda*** wohnte zwei Stunden entfernt, heiratete als erste und gebar Joy, ein Mädchen. ***Bea*** wohnte in der Nähe und wurde bald Mutter einer Kira. Ein Jahr später gebar ***Belinda*** Jana, ihr zweites Töchterchen; ***Bea*** tat es ihr gleich und brachte Kaja zur Welt. **Bettina** war

eine begeisterte und sehr dienliche Großmutter. **Balz**, nun in Pension, baute vermehrt an seiner Modelleisenbahn auf dem Dachboden. ***Barbara*** machte Karriere, und aus dem Punkmädchen wurde eine in Zürich wohnhafte Künstlerin, die kaum mehr etwas mit der Familie zu tun haben wollte.
Bea wurde ungewollt nochmals schwanger und wusste bald, dass es ein Junge würde. **Balz** begleitete nun ab und zu **Bettina**, um Kira und Kaja zu hüten. ***Stefan***, ***Beas*** Mann, erzählt seiner Frau bald einmal, dass **Balz** ihm fast etwas aufdringlich Namensvorschläge für ihren kommenden Sohn machte. Sie meinte, das sei typisch für ihn, nur Buben zählten.
Zur Geburt von Keno, so hieß dann der Spross, bekamen ***Bea*** und ***Stefan*** von **Balz** ein ordentliches Bankbüchlein für den Kleinen. Dazu ein Geschenk, das symbolisch gemeint war, einen roten Ferrari Testa Rossa, 1:32, in einer Schachtel mit Rosaschlaufe. ***Bea*** verdrehte im Wochenbett mehr die Augen, als dass sie sich freute. **Bettina** musste ihr sagen, dass sie davon nichts gewusst hatte. Bei der Taufe und den ersten Weihnachten mit Keno war es ähnlich. Bescheidenes für Kira und Kaja, Großzügiges für Keno von **Balz**.

Vor Ostern, Sonntagnachmittag und regnerisch, man trank Kaffee bei ***Bea*** und ***Stefan***. Kira und Kaja erschienen verkleidet als Cowboy und Batman, Fasnacht war nicht lange her, und sie fragten ihren Großvater, ob sie als Männer zu Ostern auch ein tolles Geschenk wie Keno bekämen. Die Situation rettete Benno, Onkel der drei Kinder väterlicherseits, der auch zugegen war. Er musste herzlichst lachen und verschluckte sich dabei. **Bettina** versicherte allen, sie sorge dafür.
Während der folgenden Woche versuchte ***Bea*** bei ***Stefan*** herauszufinden, ob er den Kindern diese Idee eingeflößt habe. Er ver-

neinte. **Bettina** nahm sich **Balz** vor. Er könne nicht einfach ein Kind, nur weil es ein Knabe sei, so bevorzugen. Und ob er nicht merke, dass ***Bea*** ihnen gegenüber zurückhaltender geworden sei. Sie auf jeden Fall wolle nicht wegen ihm auf ihre Großkinder verzichten. Und deutete an, dass sie seinetwegen schon auf ***Barbara*** verzichten müsse. **Balz**: «Ich habe einfach mehr Freude an diesem Buben.» Er sei ein Klotz und hoffnungsloser Fall, waren in diesem Disput **Bettinas** letzte Worte.
Bettina besorgte für Ostern die Geschenke für die Enkelkinder, **Balz** ließ es geschehen. ***Bea*** und ***Stefan*** boten zum Osterbrunch auch ***Stefans*** Eltern **Susanna** und **Sepp** auf, in der Hoffnung auf mehr Ausgeglichenheit. Alles ging gut, bis Kira – sie bekam einen rosaroten Kitty-Katze-Sonnenhut –, meinte, mit diesem Hut könne sie nur mit Opa **Sepp** in die Ferien gehen. Und plauderte aus, dass sie nächste Woche mit ihm und Oma **Susanna** nach Italien gehen würde. Eigentlich hatte ***Bea*** dies ihrer Mutter noch schonend beibringen wollen. Auch dass sie mit ***Stefan*** besprochen habe, solange **Balz** aus allen Mädchen Buben machen wolle, gäben sie ihnen die Kinder nicht mit in die Ferien.
Bald darauf ging **Bettina** mit einer Freundin ein erstes Mal ohne **Balz** auf eine Reise. Dieser baute an seiner Modelleisenbahn. Und **Bettina** ging vermehrt allein zu ihrer Tochter die Enkelkinder hüten. **Balz** bekam seinen Keno nur noch selten zu sehen. Kira musste immer wieder mal hören, sie sei eine Plappertante. Und ***Stefan*** wurde sich irgendeinmal bewusst, dass er seinen Töchtern nie Panini-Bilder nach Hause brachte, im Gegensatz zu seinen Arbeitskollegen.
Als Keno drei Jahre alt war, spielte er genauso gern mit Puppen wie mit Spielzeugautos. Es war **Sepp**, der ihm zum Geburtstag eine Spielzeuggarage schenkte. Und ganz wohl war ihm dabei nicht.
Als Kira, nun in der vierten Klasse, einmal bei den Großeltern **Bettina** und **Balz** war, sie wollte mit Oma Kuchen backen, blieb sie wie verschwunden. Oma **Bettina** rief mehrmals nach ihr und suchte sie draußen im Garten. Erst als sie nach oben auf den Dachstock stieg, um **Balz** um Mithilfe zu fragen, fand sie Kira versteckt hinter der Modelleisenbahn. Ein seltsamer Moment für alle drei.
Kira plapperte es zu Hause aus, sehr begeistert, und schwärmte

von den Tunnels und Brücken, der Krokodillokomotive und dass alles elektrisch sei.
Der erste Ausflug dann von Kira, Kaja und Keno mit den Großeltern **Bettina** und **Balz** ins Verkehrshaus Luzern konnte auf ***Beas*** Drängen nicht ohne Begleitung von ***Stefan*** stattfinden. Kira erzählte ihrer Mutter nur zurückhaltend, wie es gewesen war. Von Kaja erfuhr sie, dass **Balz** und Kira Hand in Hand durch die Halle mit den Lokomotiven gelaufen waren und alle andern dabei fast vergessen hatten.
Kira wurde eine der wenigen Lokomotivführerinnen bei den SBB. In einer Zeitungsreportage wurde sie als junge, attraktive Frau beschrieben. Dieser Artikel machte ***Bea*** klar, dass ihr Vater einfach ein Technikfreak und Eisenbahnbegeisterter ist.

Den Dienst getan

Großeltern **Charlotte** (GM) + **Charles** (GV)
Corinne + ***Ex-Partner*** > + ***Pedro*** mit Nadja

Corinne wurde früh Mutter, mit 18 Jahren, im dritten Lehrjahr. Es war eine kurze heftige Liebe mit einem ein paar Jahre älteren jungen Mann, der bald weiterzog, vermutlich zurück in sein Heimatland. Ihre Eltern, **Charlotte** und **Charles**, vor allem **Charlotte**, rieten ihr sehr, das Kind nicht abzutreiben. Sie boten ihr an, dass sie nach einem Jahr nach der Babyzeit die kleine Nadja betreuen würden, damit ***Corinne*** ihre Lehre dann noch beenden könnte. **Charlotte** würde ihre Anstellung, ein kleines Pensum, dafür aufgeben.
So verbrachte Nadja ihr erstes Lebensjahr zusammen mit ihrer Mutter. Sie beide verbrachten auch viel Zeit zusammen bei den Großeltern **Charlotte** und **Charles**. Die junge Mutter und ihr Baby wohnten in der gleichen Siedlung im Haus gegenüber in einer Zweizimmerwohnung. ***Corinne*** versuchte eine möglichst gute Mutter zu sein. Verlassen vom Vater des Kindes und eine Art Scham, so früh Mutter geworden zu sein, ermöglichten ihr nicht immer, glücklich zu sein. **Charlotte** tröstete sie häufig, hörte sich

ihren Kummer an. Sie motivierte sie aber, wieder am Leben der Jugend teilzunehmen, auszugehen. Nadja war ein Sonnenschein, sie sich zu teilen, fiel den beiden Frauen nicht schwer.
Corinne war nach neun Monaten Babyzeit froh und erleichtert, bald wieder in die Lehre gehen zu können. Spürte aber auch den kommenden Einschnitt, ihre Nadja nicht mehr täglich bei sich zu haben. Sie bemerkte Ängste, Nadja zu verlieren, an ihre Mutter zu verlieren. Die ganze Herzlichkeit ihrer Mutter zu Nadja begann sie mit Skepsis zu betrachten, spürte eine Art Wettbewerb um die Gunst der Kleinen. Ihre Begegnungen waren dann nicht immer spannungslos, sie begannen sich gegenseitig zu kritisieren. Nadja quengelte mehr, schlief oft nicht mehr durch, weinte mehr. Gegenseitig machten sie sich Vorwürfe, das Kind zu verängstigen. Ein Gespräch bei der Mütter- und Väterberatung brachte Entspannung, das Kind zahne. Trotzdem, einen Monat vor Lehrbeginn stritten sie sich heftig. *Corinne* blieb mit Nadja zwei Wochen fern. Und **Charlotte** sah Männerbesuch bei *Corinne*, so ungefähr sagte sie es ihrem Mann. **Charles** konnte mit *Corinne* reden. Er legte ihr offen, dass **Charlotte** letzthin bei ihm geklagt hatte, es werde ihr fast zuviel, Nadja bald die ganze Woche zu hüten. Dass er sie entlasten wolle, viel übernehmen werde, glaubte sie ihm nicht. Er sei doch einem kleinen Kind gegenüber ein steifes Wesen, und dass er das Kind mehr hüten werde, getraue sich **Charlotte** ihr nicht zu sagen, sonst verliere sie noch das Vertrauen in sie als Großeltern und beende womöglich die Lehre nicht. Als *Corinne* dies hörte, verlor sich ihre Angst, ihre Mutter wolle ihr das Kind wegnehmen. Wir werden älter, wir sind froh, dass du dann wieder mehr Mutterzeit geben kannst, hatte er auch noch erwähnt.
Corinne ging in die Lehre. Meistens brachte *Corinne* die Kleine morgens um sieben den Großeltern, oft aßen sie abends zusammen bei den Großeltern, dann ging *Corinne* mit der Kleinen zu sich nach Hause. Nach drei Monaten begann Nadja morgens zu stocken, zu quengeln, dann auch abends, wenn es nach Hause ging. Sie waren sich einig, das dauernde Hin und Her war zu viel. Nun blieb Nadja mittwochs zum Schlafen bei den Großeltern. Einen Monat später zusätzlich am Donnerstag. Und bald fragte *Corinne* auch für Freitag- oder Samstagnacht. **Charlotte** entdeckte wieder Männerbesuche bei *Corinne*. Wieder einer aus

Übersee. Angst um ***Corinnes*** Naivität betreffend Männer. Angst, nochmals in eine zweite Verantwortung für ein kleines Kind zu geraten, schlich sich bei **Charlotte** und **Charles** ein. Sie strichen den einen Abend unter der Woche und beschränkten das Hüten von Nadja an den Wochenenden auf einen Abend pro Monat mit der Begründung, älter und nicht mehr so fit zu sein.
Hätte man ***Corinne*** gefragt, wieso sie ihren neuen Freund zu verheimlichen versuche, hätte sie gesagt, sie wolle sich dieses Mannes zuerst sicher sein. In einem erneuten Zwist zwischen Mutter und Großmutter platzte **Charlotte** heraus, dass sie wieder einen solchen Südamerikaner im Bett habe. ***Corinne***: Der kann gut zu Kindern schauen, ist im Moment sowieso arbeitslos, also hüte er ab jetzt das Kind. Und so wars. Nadja sah ihre Großeltern nicht mehr, lebte mit Mutter und ***Pedro*** in der Zweizimmerwohnung. **Charles** schrieb seiner Tochter, unter diesen Umständen bezahle er ihr nicht mehr den Unterhalt, sie solle sich ans Sozialamt wenden.

Nach zwei Monaten begann Nadja auf dem Spielplatz ***Pedro*** davonzulaufen in Richtung Hauseingang der Großeltern. Sie begann, vermehrt mit Spielsachen zu spielen, die mit den Großeltern zu tun hatten, der alten Puppe von Oma, den fünf abgewetzten Spielzeugautos von Opa. ***Corinne*** fiel dies auf. Und ***Pedro*** wurde es zu eng, er müsse Arbeit finden. Wenn man so nah nebeneinander wohnt, kann man sich nicht nicht begegnen. Bei einer Begegnung der drei nahm Nadja **Charlotte** an der Hand und zerrte sie zur Rutschbahn, ***Corinne*** folgte ihnen. **Charles** fädelte wieder ein.

Nadja sei an sie, die Großeltern gewöhnt, irgendwie brauche sie sie. Man akzeptiere ***Pedro***. Sie wollten einfach nicht nochmals verantwortlich für ein zweites Kind werden, egal, was sich ergebe. Die nächsten Jahre solle Nadja regelmäßig, ohne viele Ausnahmen, auch bei ihren Großeltern Zeit, Tage und Nächte verbringen. Sie besprachen einen Betreuungsplan.

Nach dem Lehrabschluss konnte ***Corinne*** 80% arbeiten, der Betreuungsplan blieb bestehen. In ihren Zeiten mit Nadja gab sie sich besonders Mühe, ihrer Tochter eine gute Mutter zu sein. In der beschränkten Zeit versuchte sie, alles zu geben. Einen Freund gab es nicht mehr, Freundinnen traf sie wieder vermehrt. Zunehmend war ihr abends aber langweilig, wenn Nadja schlief und sie allein zu Hause war. Auch bei den Großeltern wurde Nadja vermehrt Aufmerksamkeit geschenkt. Wenn **Charlotte** ihren Kolleginnen von Nadja erzählte, sagte sie oft «das arme Kind». Vieles, was Nadja wollte, bekam sie.
Im Alter von vier Jahren ging Nadja in die Spielgruppe, dann bald in den Kindergarten. Rückmeldungen der Pädagoginnen betonten immer wieder Nadjas Tendenz, dass sie Mühe habe, sich auf andere Kinder einzulassen, sich an die Regeln zu halten und schlau sei, für sich etwas zu erreichen. Weil **Charlotte** und **Charles** Nadja auch zur Spielgruppe und dann zum Kindergarten begleiteten, konnte ***Corinne*** diese Rückmeldungen nicht vermeiden. Ein vertrauensvolles Gespräch zwischen der Mutter und den Großeltern entstand nicht, ein gewisses gegenseitiges Misstrauen hatte sich eingeschlichen. Nun wurde Nadja verwöhnt, sie bekam an beiden Orten sehr viel. ***Corinne*** wurde in Gesprächen mit älteren Mitarbeiterinnen, die auch Mütter waren, klar, dass sie etwas ändern musste. Nadja klagte mit ihrem kindlichen Charme bei den Großeltern, dass ihre Mutter oft mit ihr schimpfe. Die Großeltern empfanden sie nun noch mehr als armes Kind. ***Corinne*** merkte zunehmend, dass sie sich von ihren Eltern loslösen musste, und suchte sich deshalb auf den Wechsel vom ersten zum zweiten Kindergartenjahr eine größere Wohnung. Endlich mit einem eigenen Zimmer für Nadja, aber auch weiter weg von den Großeltern. Sie meldete ihre Tochter für den Mittagstisch an und reduzierte die Abende, an denen diese bei den Großeltern übernachtete.

Nach drei Wochen zweites Jahr Kindergarten rebellierte, verweigerte sich Nadja, schlug andere Kinder. Die eingeschaltete Schulpsychologin hatte Mühe, beide Generationen in die Therapiegespräche mit einzubeziehen. Sie sprach von tiefer Beziehung zu Mutter und Großeltern, von der Bindung zu Mutter und Großmutter, von Loyalitätskonflikten und dass eine allfällige Ablösung von den Großeltern langsam verlaufen sollte. Es brauchte fünf Beratungsgespräche, um den erzieherischen Umgang mit Nadja anzugleichen, bis sich Nadja nicht mehr auffällig benahm. Die Abmachung, dass, egal wie sich ***Corinnes*** Privatleben entwickle, Nadja noch länger regelmäßig bei den Großeltern übernachten und mittagessen könne, erleichterte **Charlotte** sehr. Sie gewann Gewissheit, in Zukunft mehr Großmutter als Mit- oder Gegenerzieherin zu sein.

Sorgen, weil so ähnlich wie Mutter

	Großeltern **Dorotea** (GM) + **Dominik** (GV)	
Daniel + ***Petra*** mit Nina, Nora	***Diana*** + ***Philipp*** mit Jennifer	***Denise*** + ***Thomas***
	Großeltern Garagistenfamilie **Villiger**	

Dorotea und **Dominik** hatten drei Kinder, ***Daniel***, ***Diana*** und ***Denise***. ***Daniel*** heiratete ***Petra***, fünf Jahre später wurden **Dorotea** und **Dominik** Großeltern von Nina. ***Denise*** heiratete ***Thomas***. ***Diana*** war mit Ricardo zusammen. Dann mit Claudio und noch mit Enrice. Kurz vor Ninas Geburt rief sie an, sie werde Mutter. Und der Papa? ***Philipp***, sie kennen ihn, der Sohn des Garagisten vom Nachbardorf. **Dorotea** war erleichtert, doch noch eine gute Partie.

Bald hüteten **Dorotea** und **Dominik** wöchentlich abwechselnd die zwei Kinder Nina und Nora von ***Daniel***, meistens am Donnerstagmorgen und freitags, wenn seine Frau ***Petra*** arbeiten ging. Und an zwei Halbtagen hatten sie ***Dianas*** Töchterchen Jennifer bei sich, je nachdem, was ***Diana*** zu tun hatte oder unternehmen wollte. Alles Mädchen, oft zu dritt.

Nina war der Sonnenschein, Nora noch das Baby. Und Jennifer begann zunehmend Züge von ***Diana*** anzunehmen. **Dorotea** liebte alle drei. Wer fein beobachten konnte, würde bemerkt haben, dass Opa **Dominik** mit Jennifer schon sehr bald strenger war, weniger herzlich als mit Nina.

Dominik fragte **Dorotea** bald einmal, ob sie nicht ein wenig mehr Dankbarkeit von ***Diana*** erwarten würde, kaum ein Dank für das Hüten, nie ein kleines Geschenk, nicht so wie ***Petra***. Nein, nein, du kennst sie ja, so ist sie.

Als **Dominik**, der nun sein Auto bei ***Philipp*** in den Service gab, fragte, wie es gehe, antwortete dieser ausweichend und sprach zuerst von den neuen Zündkerzen. Dann schob er nach: Zwei Frauen im Haus gibt Streit. **Dominik**: Aber Jennifer ist doch erst zwei Jahre alt geworden. ***Philipp***: Die sind beide gleich.

Anderntags war Jennifer wieder bei **Dorotea** und **Dominik**. Abends warf **Dorotea** ihrem Mann vor, er wäre zu streng mit Jennifer. **Dominik** meinte, sonst wird sie noch wie ihre Mutter. Daraus ergab sich ein langes Gespräch über ***Dianas*** Kindheit und Jugend. Ein Gespräch mit der gleichen heiklen Note unter ihnen beiden wie damals. Du ließest bei ihr alles durchgehen. Du warst zu streng. Nur wegen dir. Nein, sie ist so, sie meint es nicht so. Und warum war es denn so schwierig mit ihr, ich sagte dir ja schon damals, dass du…

In der Folge ergab es sich des Öfteren, dass aus Oma **Doroteas** Auto schon Jennifer winkte, wenn sie Nina und Nora abholte. ***Denise*** hörte dies von ***Petra***, und ***Daniel*** denke auch, dass ***Diana*** alle ihre so wichtigen Notwendigkeiten wieder auf Kosten der anderen ausleben könne. Und jetzt neu auch auf Kosten von Jennifer, die immer abgeschoben werde. ***Denise*** versuchte dies ihrer Mutter **Dorotea** klarzumachen. Und erinnerte sie an all die Eskapaden mit ***Diana***.

Waren alle drei Enkelkinder bei den Großeltern, sprachen **Dorotea** und **Dominik** abends nicht mehr viel miteinander. **Dominik** strukturierte den Tag mehr als sonst, bestimmte fast Minute um Minute, portionierte Essen und Süßigkeiten und teilte die Spielsachen auf. **Dorotea** erklärte einfühlsam und machte oft fast den Clown, gab mal hintendurch ein Bonbon mehr. Sprachen sie mal darüber, hörte **Dominik** von **Dorotea**, er solle die Kinder nicht bestrafen, nur weil ***Diana*** ihr Leben lebe. Und **Dorotea** hörte von **Dominik**, er wolle nur vermeiden, dass sich ***Daniels*** Kinder allzu sehr ***Dianas*** Tochter anpassen müssten.

Hätte man über all die Zeit, bis die drei Kinder in den Kindergarten gingen, messen können, wie oft Nina, Nora oder Jennifer die Großeltern um den Finger wickeln konnten, hätte man kaum einen Unterschied feststellen können. Jedes Kind schaffte es auf seine Art. Nina mit Freude und Begeisterung, Nora mit rasch traurig und bedauernswert wirkend und Jennifer mit Diskutieren und Willen.

Bis Nina und Jennifer in den Kindergarten eintreten konnten, ergaben sich noch drei Episoden. **Dominik** gestand **Dorotea** ein, dass er Jennifer unrecht tue, sie gleiche ***Diana*** wohl eher nur äußerlich und sei doch nicht ganz so eigenwillig wie ihre Mutter. Es falle ihm aber nicht leicht, in Jennifer nicht auch ***Diana*** zu sehen. Er wolle in den Zeiten, wo Jennifer bei ihnen sei, etwas für sich machen, sich da zurücknehmen. **Dorotea** bat ihn aber bald darauf, an den Tagen ohne Nina und Nora etwas für sich zu machen, denn bei Jennifer könne sie kaum ein Nein durchsetzen.

Daniel verlangte von den Großeltern, Jennifer nicht mehr zu sich zu nehmen, wenn seine Töchter bei ihnen wären. Ein Kind brauche seine Mutter, und ***Diana*** führe stets ein egozentrisches Leben, das wisse er. Die Antwort seiner Mutter: Sie glaube, dass es ihm nicht um Jennifer gehe, sondern er immer noch, wie damals als Knabe, auf seine jüngere Schwester eifersüchtig sei. Ja, ***Diana*** habe als Kind viel Platz eingenommen, wusste sich durchzusetzen, er und ***Denise*** seien oft in ihrem Schatten gestanden. Aber Diana sei so gewesen, man hätte mit ihr nicht anders umgehen können, es sei ihr Temperament. ***Diana*** sei und bleibe wie sie sei. Ihr gehe es wirklich nur um Jennifer. Die drei Kinder hätten es gut miteinander. Jennifer tue der Kontakt mit seinen beiden flotten Mädchen gut. Oder ob Nina und Nora sich schon beklagten? Nein, das nicht, meinte ***Daniel,*** und renkte ein, wenn es wirklich gut für Jennifer sei, okay, da könnte sie recht haben.

Diana musste geschäftlich für einen Monat weg, und **Dorotea** wurde krank, ein Eingriff im Spital und eine anschließende Kur waren notwendig. ***Daniel*** und ***Petra*** organisierten einen Ersatzhüter. **Dominik** hütete Jennifer allein. Die beiden machten tolle Sachen zusammen. **Dorotea** erfuhr darüber nicht viel. Geht so, anstrengend, Alltag, hörte sie von ihm. Mit ***Denise*** redete er über die Möglichkeit, dass ein Kind, je nachdem, mit wem es zusammen sei, recht anders sein könne. Und beim Abholen des Autos aus dem Service erwähnte ***Philipp***, nur mit einer seiner «Frauen» zu Hause sei es schon sehr viel ruhiger. Tue es ihm gut. Manchmal staune er, wie intensiv Jennifer und ***Diana*** um alles und nichts fighten könnten. **Dorotea** nahm sich wenig Zeit für ihre Erholung. Ihre Sorge, ohne ihr erzieherisches Mittun werde Jennifer wie ihre Mutter, drängte sie rasch wieder in den Alltag zurück. Man war streng mit dem Mädchen, korrekt, aber streng.

Mit dem Eintritt in den Kindergarten reduzierten sich die Hütezeiten von Nina und Jennifer merklich. Fünf Wochen nach Beginn des Kindergartens ergab sich, dass **Dorotea** Jennifer im Kindergarten abholen musste. ***Diana*** hatte wieder irgendetwas Dringendes zu tun. Auf dem Weg dorthin hatte **Dorotea** ein mulmiges Gefühl. Kindergarten, das egoistische Kind, das unangenehm auffalle, sich nicht anpassen könne… Der Beginn einer langen, mühsamen Zeit mit vielen Gesprächen in den Schulen, wie damals mit ***Diana***. Sie getraute sich fast nicht zu fragen, wie es Jennifer im Kindergarten gehe. Doch die Kindergärtnerin kam von selbst auf sie zu: Wie schön, die Oma der wunderbaren Jennifer kennenlernen zu dürfen. Und erzählte nur Positives.

Dorotea und **Dominik** rätselten dann zusammen, ob es möglich sei, dass ein Kind äußerlich seiner Mutter so sehr gleichen könne und innerlich so wenig. Sie fanden für sich heraus, vielleicht schon, aber die vielen Stunden, die sie Jennifer gaben, haben sich gelohnt. Und sie wollen diese Enkelin weiterhin so oft wie möglich hüten. Und das müssen die andern, ***Daniel*** und ***Denise*** begreifen, ***Dianas*** Eskapaden sind ***Dianas*** Eskapaden.

Das familiäre Feriengefühl mitgeben

		Großeltern Italienische Mutter **Elenora** (GM) + Schweizer Vater **Erwin** (GV)	
Erich + Frau	*Elisa + Partner*	***Eliana*** + ***Serge*** mit **Peet, Pamela, Priam**	*Seline + Mann*
		Großeltern französische Mutter **Servane** (GM) + St. Galler Vater **Silvan** (GV)	

Es trafen sich zwei mit je einem einheimischen und einem ausländischen Elternteil. ***Eliana*** mit einer italienischen Mutter und einem Vater aus dem Kanton Uri, ***Serge***, mit einer französischen Mutter und einem St. Galler Vater. Beide hatten Geschwister, aber nur sie beide hatten Kinder, zwei nahe aufeinander, Peet und Pamela, ein drittes, Priam als Nachzügler. Beide Großelternseiten waren viel beschäftigt, beruflich wie gesellschaftlich. Fürs Kinderhüten waren sie nicht zu haben.

An Weihnachten, als Peet drei war, schafften sie es, alle Großeltern bei sich zu empfangen, zuvor hatten sie sie abwechselnd am 24. oder 25. bewirten müssen. Grand-mère **Servane** begann Peet von den Krebsen zu erzählen, die man bei Flut unter den Algen in der Bretagne finden kann. Nun bist du gut auf den Beinen, da können wir bald Krebse sammeln gehen. Später erzählte ihm die Nonna, welch leckere Gelati es in der Strandbar von Marina di Castagneto zu schmausen gebe. Die Gespräche an diesem Abend wurden von den Großelternseiten immer wieder auf das Familienferienhaus der Franzosen in der Bretagne oder auf die Urnonna und alle Verwandten in der Toscana gelenkt. Bis ***Eliana***, deutlich bestätigt von ***Serge,*** erklärte, die nächsten Sommerferien würden sie in den Bergen des Karwendelgebirges verbringen.

An der nächsten Weihnachtsfeier hörten Peet und Pamela wieder von den bretonischen Krebsen und den Gelati von Marina. Peet begeisterte sich für die Krebse, und Grand-mère zeigte ihm Fotos auf dem Smartphone, Krebse und Muscheln. Er war von Grand-mère angetan. Nonna zählte Pamela die Gelatisorten an der Strandbar auf, Limone, Fragole, Fior di Latte. Diese begeisterte

sich für Fragole. Und ***Eliana*** und ***Serge*** gaben wieder die Pläne der nächsten Sommerferien bekannt: mit dem Camper an die masurischen Seen in Polen.
Einige Tage später schauten ***Eliana*** und ***Serge*** zusammen die Fotobücher ihrer Kindheit an. Alle Ferien in Marina di Castagneto sie, alle Ferien in La Grève Blanche er, bis sie sich kennenlernten und ihrer beiden eigenen Weg gingen. Eine gewisse Wehmut mussten sie sich gegenseitig zugestehen.
Die Geburt des kleinen **Priam** war mit Komplikationen verbunden. ***Elianas*** Gesundheit litt, und **Priam** benötigte viel Pflege. Sie konnten beide Großmütter dazu bewegen, abwechselnd für einige Tage zu ihnen nach Hause zu kommen und für Entlastung zu sorgen. Nonna machte gegenüber ihrer Tochter bald einmal den Vorschlag, sie nehme doch die beiden älteren Enkelkinder in den Sommerferien mit nach Marina, dann könnten sie sich beide gut erholen. Grand-mère schlug ***Serge*** so ziemlich das Gleiche vor, jedoch in der Bretagne. ***Eliana*** und ***Serge*** besprachen die Vorschläge. ***Eliana*** zeigte ***Serge*** auf, dass sie ein schlechtes Gewissen gegenüber den Kindern hätte, sich wie eine Rabenmutter vorkäme, würde sie nicht mit den Kindern zusammen die Sommerferien verbringen. Ich bin ja sonst so viel weg. Diese Sommerferien sind mir heilig. ***Serge*** pflichtete ihr bei, in den Ferien gehöre die Familie zusammen. Und die nächsten Sommerferien sollten nicht so weit weg sein, ein Familienhotel in den Schweizer Bergen.
Der Druck der italienischen Verwandtschaft wuchs. Tanten, Onkel, Cousinen und Cousins fragten immer wieder nach den drei Kindern. Und die Urnonna lebe nicht mehr lange, sei uralt. Italien, die Toscana wäre über Ostern möglich, die Verwandtschaft lebt in der Umgebung, im Hinterland des Ferienhauses. **Peet** nun im Kindergarten, bedeutet aber in den Osterferien zu reisen, bedeutet Stau am Gotthard. Die Bretagne? Das sind über eintausend Kilometer, und die Verwandtschaft lebt in Frankreich verteilt. Nur nach Italien reisen, nur ***Elianas*** Seite berücksichtigen, das gibt böses Blut. Und doch, die Urnonna nochmals sehen, sie hat doch das Recht, ihre Urenkel kennenzulernen, ***Elianas*** Familienherz pochte. ***Serge*** sprach mit seinen Eltern. Die Sommerferien gehörten der Familie, so sei es bei ihnen ja auch gewesen. Die Bretagne sei für zwei Wochen Herbstferien zu weit weg. Die Verwandten leben im Dreieck

Paris, Tours und Rennes, wo macht man da Ferien? Die Verwandtschaft ist groß, die Grand-mère fand ein Schloss.
Im November dieses Jahres fühlten sich ***Eliana*** und ***Serge*** ermattet, unzufrieden. Ostern mit der Urnonna zu feiern, war herzerwärmend, aber keinen Tag verbrachten sie allein zu fünft, nur sie mit ihren Kindern. Die Sommerferien im Familienhotel, frustrierend. **Peet** und **Pamela** begeisterten sich total für das Kids-Animationsprogramm, ließen ihre Eltern links liegen. Das Schloss bei Le Mans war ein Traum, sie lebten in den Herbstferien wie die Fürsten. Aber auch hier, zusammen mit den Großeltern, die für alles sorgten und der häufige Besuch. **Peet** und **Pamela** erzählten jeweils nach den Ferien begeistert von ihren Erlebnissen. Das Meer und die Gelati. Tennis, Ponyreiten und Kinderbingo mit der coolen Jean (die Animateurin). Drei Musketiere spielen im Schloss.

Das nächste Jahr wurde ähnlich geplant. Oster- und Herbstferien in der Toscana und im Schloss, aber nur für eine Woche. Die Sommerferien verbrachten sie am Golzernsee, der Urneropa hatte ja auch noch Verwandtschaft.
Dann schlug die Bombe ein. ***Serge*** verliebte sich Knall auf Fall in Ivana und zog aus. Ein mehrjähriger Rosenkrieg begann. Das Trennungsurteil legte fest, dass die Kinder alle Schulferien abwechselnd bei einem Elternteil verbringen. So lernten die Kinder Marina di Castagneto wie auch La Grève Blanche im Sommer kennen. Mit Mama oder Papa und den jeweiligen Großeltern waren diese Ferien für die Kinder über lange Zeit ein sicherer Ort, eine sichere Insel im spannungsgeladenen Alltag. Glück für uns in eurem Unglück, kommentierte einmal der St. Galler Großvater.

Die Beteiligten

Denkt man ans Großelternsein, denkt man zuerst an das Großkind und an sich selbst als Oma oder Opa. Könnte heißen: Großeltern Emmi und Fredi und die kleine Tamara, vielleicht bald auch noch Sascha.

Zwischen ihnen sind die Eltern, heißt Großeltern, ihre Kinder und die Kindeskinder.
Dies wären dann: Emmi und Fredi und ihre Tochter Beatrice und deren Kinder Tamara und Sascha.

Es gibt aber noch den Vater der Kleinen.
Also sind es: Emmi und Fredi und ihre Tochter Beatrice mit Schwiegersohn Antonio und deren Kinder Tamara und Sascha.

Antonio hat auch Eltern.
So sind es: Emmi und Fredi und ihre Tochter Beatrice mit Schwiegersohn Antonio mit seinen Eltern Enzo und Isabella und den Großkindern Tamara und Sascha.
Beatrice hat Geschwister. Der Bruder Michael ist Vater und die Schwester Monika hat keine Kinder.
Also sind es: Emmi und Fredi und ihre Tochter Beatrice mit Schwiegersohn Antonio mit seinen Eltern Enzo und Isabella und den Großkindern Tamara und Sascha und deren Onkel Michael mit Schwiegertochter Cyntia und dem anderen Enkelkind Nathalie, sowie deren Tante Monika.

Wobei, Antonio hat ja auch eine Schwester.
Dann sind es: Emmi und Fredi und ihre Tochter Beatrice mit Schwiegersohn Antonio mit seinen Eltern Enzo und Isabella und den Großkindern Tamara und Sascha und deren Onkel Michael mit Tante Cyntia und der anderen Enkelin Nathalie, sowie deren Tante Monika und Tante Frederica auf Antonios Seite mit ihrem Mann Viktor und deren Kinder Benedict und Grace.

Und es könnte zu einer Scheidung und Wiederverheiratung kommen, bei Michael.
Dann wären es: Emmi und Fredi und ihre Tochter Beatrice mit

Schwiegersohn Antonio mit seinen Eltern Enzo und Isabella und den Großkindern Tamara und Sascha und deren Onkel Michael mit der neuen Tante Helena und deren Mutter Therese, der anderen Enkelin Nathalie und dem jüngsten Enkel Jan sowie Renata und Iwan (Eltern von Theresa), sowie die Tante Monika und Tante Frederica auf Antonios Seite mit ihrem Mann Viktor und deren Kinder Benedict und Grace.

Man könnte diese Großelternkonstellation auch geografisch beschreiben:
Großeltern Emma und Fredi leben drei Autostunden von ihren Enkelkindern Tamara und Sascha und fünf Gehminuten von Nathalie entfernt. Zu Großeltern Enzo und Isabella ist es eine Tagesreise weit in den Süden. Benedict und Grace wohnen in der gleichen Stadt wie Emma und Fredi.
Anders wäre es: Alle wohnen innerhalb von 10 Fahrminuten mit dem Fahrrad.

Man könnte es bezüglich Zeitressourcen für Kinder beschreiben. Großeltern Emma und Fredi sind um die sechzig Jahre alt und arbeiten 100 und 80%. Beatrice ist Hausfrau und Mutter und Antonio oft auf Geschäftsreisen, Michael und Helena arbeiten Vollzeit und Großeltern Enzo und Isabella sind in Pension.

Man könnte es auch aus der Perspektive der sozialen Stellung beschreiben.
Emma ist Gemeinderätin und Fredi Lehrer, Beatrice war Kindergärtnerin und bildet sich in Chakra-Ayurvedatherapie weiter und Antonio ist Verkaufsmanager. Michael ist Forstwart und Helena Zahnarztassistentin und Enzo war Maurer, Isabella Putzfrau.
Oder: Fredi hat seine Gärtnerei Michael übergeben und arbeitet ab und zu noch mit, er und Emma sind im Dorf gut integriert. Enzo und Isabella führen eine Pizzeria und können kaum Deutsch, obwohl sie seit vierzig Jahren hier in der Schweiz wohnen. Antonio studierte Philosophie, hat eine Professur an der Universität, und Beatrice ist Sopranistin und gibt Gesangsstunden.

Und man könnte diese Großelternkonstellation noch über Finanzen beschreiben, wie spendabel sich welche Seite geben kann. Oder sie mit einem Beziehungsdiagramm abbilden, wer wie gut miteinander auskommt, zwischen wem Sympathie und Antipathie schwingt, eine gute Ablösung stattfand oder noch Schuldgefühle unerledigt schwelen.

Es gibt Verwandtschaften von einem Enkelkind mit einer noch lebenden Großmutter. Diese lebt unter dem gleichen Dach mit den Enkelkindern. Oder diese lebt im Engadin und das Enkelkind in Genf. Es gibt Verwandtschaften mit zwei Enkelkindern und vier voll fitten Großeltern und drei kinderlosen Tanten und Onkeln, die alle die Enkelkinder lieben und in der Gegend wohnen. Es gibt Verwandtschaften mit zehn Großkindern aus vier Familien und noch drei kinderlosen Tanten oder Onkeln, heißt mit rund acht Großeltern. Diese leben fast alle im gleichen Tal. Oder diese sind auf halb Europa verteilt und sehr unterschiedlich im Leben stehend.

Für das Gelingen und Gestalten des Großelternseins spielen verschiedene Faktoren mit, härtere und weichere. Ein harter Faktor ist die Distanz, wie nah oder fern man voneinander wohnt. Ein zweiter die Zeit, die füreinander zur Verfügung steht. Noch im Erwerbsleben oder schon in Pension auf Großelterns Seite. Wie viel die Eltern arbeiten. Wie alt die Kinder sind und in welcher Ausbildungsstufe sie stehen. Wobei, Zeit kann man einteilen, für dieses mehr, für jenes weniger. Ein halbharter Faktor ist die Anzahl der Familiennahen, die mit den Kindern Zeit verbringen, ihnen nahe stehen möchten. Und die weichen Faktoren sind im Beziehungsgeflecht zwischen Großeltern, Eltern, Enkelkindern und naher Verwandtschaft zu finden. Und wie man es dreht und wendet, der wichtigste Faktor sind die Eltern. Sie entscheiden, wie nah oder fern die Enkelkinder von den Großeltern wohnen. Sie bestimmen über sehr viel Zeit und über das Aufteilen der Kontakte im Verwandtschaftsgeflecht. Ihre Entscheidungskriterien drehen sich vorwiegend um Lebensgestaltung, Existenz und Sorge um die Kinder. Viel Emotionales spielt mit. Sie wissen, warum. Für Außenstehende ist vieles nicht leicht nachvollziehbar. Mit diesen Eltern muss man als Großeltern zurechtkommen, einigermaßen.

Die Beziehung als Großeltern zu den eigenen Kindern mit deren Partnerinnen oder Partnern gut gestalten, diese eigenen Kinder als Eltern in ihrer Zeit und ihrem Kontext verstehen und die Erziehungswelt der heutigen Großkinder einschätzen können, kann mithelfen, das Großelternsein zu vereinfachen.

Familie heute

Der Wandel

Familie ist, wäre? Ursprünglich ein Gemeinschaftsbetrieb, ein Haushalt aus Eltern und Kindern in mehreren Generationen, einer Verwandtschaft und mit ihnen lebende, mithelfende Menschen, das Gesinde (Dienstboten, Knechte, Mägde). Bauernhof oder Gewerbebetrieb. Ursprünglich mehr oder weniger alles rund um einen Hof, bis auf die Schlafkammern ein offener Betrieb von Werkplatz außen und innen, Küche und Wohnbereich. Er war für den inneren Kreis der Verwandtschaft eine gegenseitige Existenzgrundlage, meistens auch für das Gesinde. Oft war es eine Gemeinschaft, die schauen musste, dass man nicht hungert. Es war eine Gemeinschaft, die für sich schaute und ihre eigene Identität generierte, nach außen gegenseitige Solidarität vermittelte. Intern bildeten sich Fraktionen je nach Verwandtschaftsgrad, Sichtweisen oder Charakteraffinitäten, aber man gehörte dazu, mit viel Toleranz. Eine große Vielfältigkeit von Menschen hatte Platz. Kinder wuchsen in einem regen Betrieb von Leuten auf mit x Stimmen, x Gesichtern, x Gerüchen und bauten ihre Vertrautheit zu diesem Treiben auf.

Heute nennt man dies Bindung oder Beziehung zu mehreren Leuten. Oft verbrachten die Kinder mehr Zeit mit einer Oma, einer Tante, Magd oder einem älteren Geschwister als mit den Eltern.

Sie teilten das Bett mit andern Geschwistern, allenfalls schliefen sie bei der Großmutter; Hauptsache, es gab Wärme. Gab es Ärger, hatten sie Krach mit Mutter, Großvater oder Geschwister, fand sich immer jemand, bei dem man Trost fand. Ein alter Knecht oder Geselle hatte immer einen tröstenden Spruch bereit.
Zu erwähnen ist noch, dass in den ursprünglichen Familien sehr oft ein Elternteil früh starb. Viele Mütter starben bei Geburten und im Wochenbett. Dieser Gefahr war man sich bewusst. Und mit dieser Gefahr im Nacken war die Fürsorglichkeit und Liebe für die Kinder in dieser Gemeinschaft eingebettet. Die Beziehung Großeltern–Enkelkinder, ihre innere Verbundenheit und das Gernhaben konnte in diesem alltäglichen Treiben wachsen. Diese Form von Familie als Grundlage für eine Großeltern-Enkelkinder-Beziehung findet man in unseren Gegenden kaum noch.

Mit der Urbanisierung, nach den schlimmsten Zeiten zu Beginn der Industrialisierung, wandelte sich die Familie in vielen Kreisen in einen engeren, verwandtschaftlichen Kreis. Viele frisch Verheiratete wohnten bei ihrer Familiengründung mit kleinen Kindern und Großeltern zusammen. Die staatliche Altersvorsorge war noch nicht eingerichtet und später noch nicht genügend ausgebaut. Viele in den Fünfziger- bis Sechzigerjahren Geborene verbrachten die ersten paar Jahre zusammen mit ihren Großeltern in der gleichen Wohnung. Sie können von handwerklichen Künsten eines Großvaters, einer Socken strickenden Großmutter und allenfalls deren Schrulligkeit erzählen. Lebte man nicht im gleichen Haushalt, wohnte man in der Nähe und war oft zusammen zum Sonntagsbraten, machte gegenseitig Besuche für Besorgungen. Die mit der Zeit wesentlich verbesserte Gesundheitsversorgung ermöglichte mehr lang dauernde Ehen, länger stabile Familienverhältnisse, zumal es bis in die Siebziger- und Achtzigerjahre eher selten zu Trennungen und Scheidungen kam. Viele Großeltern waren schon alt, zumindest etwas gebrechlich, benötigten auch Unterstützung und Pflege. Oder eine der beiden Seiten hatte einen Garten, man las gemeinsam Früchte und Beeren ab, half sich beim Einmachen. Als Kinder war man dabei, wurde mitgenommen, konnte an die Hand gehen und lebte die Sorge und Solidarität der Eltern um die Großeltern mit. Ob man Oma und Opa mochte oder nicht, man bekam sie lieb, sie bekamen eine Bedeutung, sie wurden ein Teil des Lebens, des Lebensgefühls und Familienbewusstseins.

Spricht man heute von Familie, assoziieren wir Eltern mit ihren Kindern in einer familieneigenen Wohnung oder einem Haus, gemietet oder gekauft. Alles Nötige ist in diesen Räumen unter einem Dach: Wohnzimmer, Schlafzimmer, Küche, Bad und WC, oft auch die Waschküche. Jedes dieser Zuhause hat seine eigene Einrichtung, seinen Stil, sein Ambiente. In diesen Wohnungen ist sehr viel für die Freizeit vorhanden, man kann sich gut darin verweilen: TV, alle Arten von digitalen Medien, Spiele und Spielsachen, Musikanlagen, bequeme Leseecken, und bei denen, die gerne kochen oder backen, stehen praktische Küchengeräte zur Verfügung. Sehr viel Familienleben, Kleinfamilienleben, lässt sich darin gestalten. Das Zentrum der Familien sind die modernen großzügigen Wohn- und auch Küchenräume. Die Kinderzimmer sind eher klein. Ist die Wohnungstüre zu, oft sind diese verschlossen, ist man für sich. Man hört wenig von draußen, und draußen hört man wenig von drinnen. In kaum einer Familie leben noch Untermieter. Es gibt keine Wohnungen mehr, wo das Klosett auf halber Treppe zu finden ist, oder gar eine Gemeinschaftsküche oder ein Vorratsraum im Keller. Holz, Briketts oder Heizöl muss man im Winter nicht mehr in die Wohnung hochschleppen. Man kann viel Zeit unter sich verbringen, eine Privatheit. Es gibt ein Drinnen und ein Draußen. Wer nicht da drin wohnt und in die Wohnung eintritt, kommt zu Besuch. Außer Handwerker oder vielleicht einmal ein Versicherungsvertreter. Geht man nach draußen, ist man einigermaßen dazu angezogen, zurechtgemacht. So beginnen die meisten heutigen Kleinfamilien ihr Familienleben.

Die Kinder entwickeln ihr Grundgefühl für Familie in dieser Privatheit, zusammen mit den wenigen Angehörigen, die dieses Familienleben prägen. Wenige Arten von Stimmen, Gerüchen und Reaktionen auf Weinen, Übermütigsein oder Quengelei. Kinder erleben wenige Modelle von Trösten, Freude teilen oder Necken.
Die Altersvorsorge ist eingerichtet, und viele Großeltern sind ziemlich fit. Kontakte mit den Großeltern haben kaum mehr einen fürsorglichen, familiensolidarischen Charakter. Werden Kinder von den Großeltern nicht häufig gehütet, werden diese für die Kinder mehr zu Verwandten, wie Onkel oder Tanten. Kleinere Kinder erleben die Großeltern bei gegenseitigen Besuchen ähnlich wie Besuch von Freunden und Bekannten der Eltern. Man spricht zwar vom Oma oder Opa, aber die familiäre Bedeutung können sie noch nicht erfassen.
So gesehen, verminderte sich das Familiengefühl über drei, vier Generationen hinweg zu einem relativ kleinen Personenkreis. Die älteste Generation begegnet der jüngsten mit einem anderen Grundgefühl, was das Sichnahestehen betrifft, wie viel sie sich bedeuten. Das innige Begrüßungsküsschen der Oma kann dem Enkelkind so fremd vorkommen wie das einer überschwänglichen Nachbarin.

Doch so linear ist es nicht, spalten sich doch viele dieser Kleinfamilien nach der Kleinkinderzeit auf. Oft trennen sich die Eltern, und die Kinder sind sich nicht mehr sicher, ob sie eine Familie haben, wer ihre Familie nun ist. In den Begriff Familie muss also auch das Prinzip der Lebensabschnittspartner integriert werden. Man könnte sagen, Familie, heute eher Kleinfamilie, bekommt allenfalls eine Ablaufzeit, kann durchaus temporär sein. Die Eltern und Kinder haben dann eine jeweils andere Familie. Die getrennten Eltern fühlen sich wieder vermehrt mit ihrer Ursprungsfamilie familiär, ihren Eltern und Geschwistern. Die Kinder aber verlieren ihre Familie nicht, sie sind einfach mal da, mal dort. Sie bekommen mit solch einem Schritt eine Zweihaushalt- oder Zwei-Adressen-Familie. Die Dynamiken solcher Trennungen auf die Beziehung und Verbundenheit wird dann oft kompliziert, zwiespältig, indifferent. Einerseits kümmert sich jeder Elternteil – in der Angst um den Verlust der Kinder oder einer Entfremdung – intensiver um seine Art von Lebensstil mit ihnen zusammen. Andererseits versetzen beide Elternteile ihre Kinder in eine Art Loyalitätskonflikt. Sie halten es schwer aus, wenn die Kinder mit dem andern Elternteil dort die andere Art leben.

In der Anfangszeit von Trennungsgeschichten rücken Großeltern häufig ihren Enkelkindern näher. Mama oder Papa verbringen wieder mehr Zeit mit ihrer Ursprungsfamilie. Häufig bringen Trennungen für die Kinder aber auch große Veränderungen bezüglich einer Fremdbetreuung mit sich. Ein Umzug oder Kalamitäten auf der Ex-Partnerebene verhindern das Hüten bei den Schwiegereltern.
Und viele dieser Eltern verlieben sich wieder und begeben sich in neue Familienverhältnisse. Sie gründen für sich eine neue Familie. Das kann für Kinder eine neue Mutter- oder Vaterfigur plus Halbgeschwister mit gleichem Vater oder Mutter oder anderen Eltern ergeben. Und immer wieder können sich solche Veränderungen auf die Nähe, die Bedeutung und Begegnungszeiten von Großeltern und Enkelkindern auswirken.
Eine neue Bezeichnung von Familie lautet «doing family». Familie leben. Heißt, man ist nicht mehr einfach Familie im großen Bogen mit Solidarität und Toleranz über lange Zeit, sondern pflegt eher temporär stimmungs- und beziehungskompatibles Zusammenleben.

Für die Großeltern bleiben die Enkelkinder ihre Enkelkinder. Aus Kindersicht kann man aber vermuten, dass die Kinder Familie als Wechselspiel von Nähe und Distanz ihrer Eltern, der familiären Figuren und der Mitbewohnenden erleben, mit denen man auskommen will, sich mit ihnen arrangieren muss, die zugegen, erreichbar und wieder nicht erreichbar sind. Kinder erleben ihre Eltern, zu denen sie eine Bindung aufgebaut haben, als zentral, sehr wichtig, für sie sehr bedeutend. Und alle andern, zu denen sie eine Beziehung aufgebaut haben? Als temporär, also nehmen, was zeitlich, momentan möglich ist? Nicht lohnend, zu nahe zu kommen, weil ungewiss, ob dauerhaft? Etwas nicht ganz Zuverlässiges, weil denen einmal dies oder das wichtig ist, und ich müsste mich dauernd neu anpassen? Gern und lieb haben, geliebt werden, ist vielen Wogen unterworfen. Vielleicht wird so Familie für Kinder etwas, das mit Vorsicht zu genießen ist und sie sich daran gewöhnen müssen, sich zu einem großen Teil mehr auf sich selbst verlassen zu können.

Das Kleinfamiliäre

Viele heutige Großeltern sind schon in Kleinfamilien aufgewachsen und merken, dass Kleinfamilien ihrer Enkelkinder doch irgendwie anders funktionieren, einen anderen Groove haben. Ich versuche, diesen Unterschied zu skizzieren.

In den Fünfziger- bis Siebzigerjahren verstand man sich noch vermehrt als Teil einer Gesellschaft, in der man grundsätzliche Einstellungen zum Leben, der Familie und der Erziehung von Kindern teilte. Der Glaube oder die Religionen, deren Ethik betreffend Gut und Böse, was Sünde ist oder unmoralisch, gab den meisten die grundsätzliche Orientierung. Ob links oder rechts, katholisch oder reformiert, man war sich in einem breiten Spektrum einig. Die Normen, das Grundgefühl für das, was recht ist, war verankert in der Gesellschaft, nur wenig in den einzelnen Leuten drin. Man schaute auf die Ehre, wollte sich nicht vor Nachbarn schämen, einen guten Eindruck machen. Die draußen, die Nachbarschaft, was die von einem hielten, war nicht unwichtig. Was man dachte, was Geistliche und Lehrer von einem dachten, machte Eindruck.

Man tut. Man macht. Dieses «man» war üblich. Dann kam allmählich die Zeit, wo dieses Verhalten verpönt wurde, man wechselte zu «ich denke», «ich mache», «ich will».
Im Zusammenspiel von mehreren Faktoren entwickelte sich gegen die Achtzigerjahre hinein zunehmend individuelles Denken und Bewusstsein. Einzelnes individuelles Denken und so auch ein individuelles Familienbewusstsein.
Viele heutige Eltern wuchsen mit relativ offenen Fragen und einer zunehmend größeren Auswahl zu Freizeitgestaltung, Musikstil, Art der Peergroup, Mode und dann auch Berufswahl auf. Der Werdegang war nicht mehr «lerne einen Beruf und hab dann Familie», sondern werde jemand oder etwas und dann vielleicht Familie. Verwirkliche dich, war eine Aufgabe ab Pubertät bis fünfundzwanzig oder dreißig. Und vieles ließ sich realisieren, wenn man gut auswählte, sich schulte und daraufhin eiferte. Man muss einen Plan haben, ihn angehen und meistens kann man das Ziel realisieren, ein Projekt verwirklichen. Wer arbeitet, hat immer wieder zu verwirklichende Projekte vor sich. Vielen jungen Leuten wird aber gegen Ende zwanzig, Anfang dreißig dieses Sich-realisieren zu fad, erfüllt das Leben nicht mehr, und das tiefe Dasein meldet sich. Der Gedanke an eine eigene Familie mit Kindern wird konkreter. Auch dies als eine Art Plan oder Projekt mit richtigem Zeitpunkt, Einrichten der idealen Voraussetzungen und Anstreben eines sich ausgemalten Lebensgefühls. In diesen neuen Lebensabschnitt nimmt man auch die Erfahrung mit, dass man alles immer auch optimieren kann. Dies oder das erwerben, dies oder das erlernen, jeder Kurs verspricht Fortschritt und Optimum. In dieses Suchen nach Lebensform und sich verwirklichen mischt sich auch das Wort Glück. Man wuchs mit der Aufforderung auf, glücklich zu sein, sich glücklich zu machen. Man machte sich mit einem Ankauf, einer Reise, einem Event glücklich. Alle wissen ungefähr, was sie machen und erwerben sollen, um glücklich zu sein, sich individuell zu verwirklichen, sich gut zu fühlen.
Es entstand eine sehr pluralistische Gesellschaft mit vielen äußerlichen Erscheinungsbildern und feinen kleinen Nuancen von individueller Einstellung, Lebensansicht und Ethik. Vegan, esoterisch, ländlich-modern oder konservativ, alternativ, religiös. Städter, Secondos, Grüne, Liberale, Naturalisten und alles miteinander kom-

biniert ist möglich. Anderseits, um sich in dieser Vielfalt die eigene Orientierung und Sicht oder werteeigene Sicherheit zu verschaffen, begann man sich mit Individualismus von den andern abzugrenzen. Outfit, Lebensstil und ein engerer Kreis von ähnlich Gesinnten ergeben einen inneren Kreis, in dem man sich wohlfühlt, nicht hinterfragt. Ab der Zeit einer Familiengründung ist dann die kleine Familie und ihr Habitat, ihre Wohnung, ein Faktor dieser Individualität. Es sind Lebensgemeinschaften, die sich die eigene Identität geben, eine private Zufriedenheit geben wollen.
Wohnen und Arbeiten sind bei den meisten Eltern getrennt, Familienbetriebe selten. Viele lieben ihre Arbeit, wollen ihre Ausbildung leben, sind hoch motiviert, eine Karriere zu durchlaufen. Man investiert viel Zeit und Energie in die Arbeitswelt, sie erfordert eine professionelle Einstellung. Man ist dort nicht wirklich sich selbst, man ist im Arbeitsmodus. Viele empfinden das auch als anstrengend. Der Ausgleich, die Gegenwelt ist dann die Freizeit. Wer Mutter oder Vater geworden ist, hat weniger Möglichkeiten, diese in Klubs oder im Freundeskreis zu verbringen, familiäre Verpflichtungen gehen vor. Für sie ist die eigene Familie, ob noch zusammen oder getrennt, die wichtigste Gegenwelt zur Arbeitswelt geworden. Sich sein, die andere Identität, das echte Leben, das Glück. In der Familie kann man sich authentisch fühlen. Und die Kinder sind ein großer Bestandteil dieses Glücks.

Auch viele Kinder erleben schon recht früh dieses Innen und Außen. Viele gehen schon früh in eine Kita, Spielgruppe, Mutter-Kind-Turnen, Ort und Anlässe, wo man spielerisch, aber dennoch sinn- oder zielgerichtet eingespannt ist. Kontaktaufbau und das tun, wozu man zusammengekommen ist. Mit den Eltern draußen ist es spannend, dort muss man zurechtkommen und bestehen, dann ist man zu Hause wieder sich selbst, im Modus Daheim. Viele Kinder zeigen draußen und zu Hause sehr verschiedene Züge.
So ist in die neuen Kleinfamilien ein Tenor hineingewachsen, der ungefähr folgender Formel entspricht: Wir sind wir, wir sind unser Glück, unsere Lebensqualität.
Eltern entwickeln mit ihren Kindern ihren eigenen kleinfamiliären Umgang. Aus dem Lebensgefühl der Eltern ist das familiäre Tun, sind die einfachen Alltagstätigkeiten nicht nur Zweck, alles ist auch Form, Stil, Lebensstil. Erahnt, gewählt, ausgewählt und man weiß, was gesund, ökologisch oder ethisch vertretbar ist, der eigenen Lebenshaltung entspricht. Essen, Liebe ausdrücken, streiten, sich vergnügen, sich begeistern, sich etwas vormachen, aushandeln, um etwas ringen; alles entwickelt sich in dieser kleinen Gemeinschaft kontinuierlich alltäglich zu einem etwas eigenen Goût. Soziologen würden sagen, jede kleine Familie entwickelt ihren eigenen Kodex.
Das individual Individuelle, dieses Einzigartige, birgt auch Verunsicherung. Sich sicher fühlen braucht auch einen Abgleich mit anderen. So habe dieses Kleinfamiliäre die Tendenz, sich vor allem mit Gleichgestimmten, es müssen nicht Gleichgesinnte sein, eng zu vernetzen. Im Pool anderer Familien und Freunde, die ähnlich ticken, fühlt man sich wohl. Die anderen sind Außenstehende.

Wenige Großeltern wachsen in diesen inneren Kreis hinein, wo man sich wirklich versteht. Tendenziell bleiben Großeltern Außenstehende. Sie begreifen die heutige Zeit nicht so, wie ihre Kinder sie begreifen und können im Groove der neuen Generation, immer das Leben ein wenig zu stylen, nicht mitschwingen. Anderseits können sich Eltern ihren Eltern kaum einmal wirklich begreiflich machen. Kommt hinzu, dass Großeltern den kleinen individuellen Zirkel leicht verunsichern können. Diese Eltern waren ihre Kinder, und sie können sie noch heute durchschauen, oder es schwingen noch alte störende Geschichten mit. Lebensstilfragen und Selbstverwirklichung sind immer auch von Ablösungsprozessen mitbestimmt und können als Ticks oder gar Neurotisches aus der Kinderzeit gedeutet werden. Zwischen zwei Generationen schwebt immer auch eine schwelende Abgrenzung.

Bezogen auf die Beziehung Großeltern–Enkelkinder: Enkelkinder erleben nicht oft eine Stimmung, in der ihre Großeltern einfach großzügig wirklich zu ihrer Familie gehören. Kummer, Sorge, Familienknatsch und eine breite Toleranz zum Anders-sein-Können, in welche die Großeltern mit eingebunden sind, ergeben sich selten. Großeltern gehören nicht zum Familienalltag, so müssen Kinder mit ihren Großeltern nicht das alltäglich feine Auskommen herausfinden. Begegnungen von Großeltern und Enkelkindern im Beisein der Eltern bergen immer die Gefahr, dass die Beziehung der mittleren Generation leicht dazwischenfunkt oder die Kinder den Großeltern im Modus von Draußensein oder Besuch begegnen. Im Beisein der Eltern erlebt man sie mehr im «Zusammen-mit-den-Eltern-Modus», als wenn sie allein mit anderen Leuten zusammen sind. Das familiäre Gebaren intern – nur unter sich –, oder extern, in Kontakt mit anderen Leuten, kann manchmal sehr verschieden sein. Kinder sind sich gewohnt, wie ihre Eltern diesbezüglich rasch umzustellen. Es benötigt einige Zeit oder sich wiederholende Begegnungen ohne Beisein der Eltern, bis Kinder ihren eigenen Modus mit andern Leuten finden.
Ob konstante Kleinfamilie oder *doing family*, um eine bedeutungsvollere Beziehung, als sich kennen und begegnen, aufbauen zu können, kann es sich lohnen, anzustreben, dass sich Großeltern und Enkelkind oft direkt, ohne die Zwischengeneration der Eltern, erleben können. Können Großeltern ihre Enkelkinder hüten, so ist es besser bei sich zu Hause. Großeltern in ihrem Ambiente mit Einrichtungsstil, Gerüchen, Geschmäcken und Geräuschen zu erleben, ist ganzheitlicher. Gemeinsame Ferien sind anders, als wenn die Eltern dabei sind. Ein eigener Kontakt ergibt eigene Erlebnisse und gemeinsame Eindrücke. Eigene Begegnungen geben eine eigene Beziehung.

Die Grundbeziehung Eltern und Kind

Die Grundbeziehung, oder die Grundhaltung, wie sehr man für ein Kind verantwortlich ist, verantwortlich für seine Entwicklung, seine Gesundheit, sein Wohlbefinden, hat eine andere Note bekommen. Über das vermehrte Aufwachsen im Kleinfamiliären ist die Beziehung Eltern–Kind sehr zentral geworden. Niemand kann die Kinder so gut kennen, sie so gut kennenlernen, wie die Eltern, weil fast nur sie die Kleinen im Alltag erleben. Ein guter Abgleich aus zusammen Erlebtem ist kaum möglich. Und die Eltern bekommen auch keinen gut spürbaren Einblick in andere Familienalltage. Sie erleben kaum Vergleichbares, worüber man sich austauschen könnte. Und es ist ihnen kaum möglich, sich vertraulich familiär mit andern über die Kinder auszutauschen. So haben sie quasi nur ihr eigenes Maß. So können Eltern vieles, was ihre Kinder betrifft, nicht relativieren, mit der Tendenz, vieles zu ernst zu nehmen. In dem Sinn ist die Beziehung Eltern–Kind eng, ziemlich sensibel und kurztaktig geworden.
Und es spielen noch andere Lebensfaktoren mit, die die Beziehung der Eltern zu den Kindern veränderten. Bis in die Sechzigerjahre war das Grundsätzliche des Lebens in einem großen Bogen gegeben, darin versuchte man sich zu bewegen. Mich gibts, also tut es mit mir, also mach ich, also kommt… Die meisten lebten in einem in der Gesellschaft und im Glauben verankerten Lebensskript. Werde Mann oder Frau – die Rollen waren unscharf vorgezeichnet –, und heirate und kriege Nachwuchs. Eltern werden, dies anzugehen, oder geschehen zu lassen, hatte nebst dem individuellen auch einen stark passiven Anteil. Man fügte sich individuell dem in der Gesellschaft verankerten Lebensskript.
Kinder waren Geschenke des Himmels, man bekam sie mehr, als dass man sie gemacht hat. Und man musste froh sein, dass sie gesund zur Welt kamen und gesund blieben. An Tuberkulose, Kinderlähmung und Masern konnten die Kinder erkranken, eine Blinddarmentzündung war nicht harmlos. Zu diesem Geschenk musste man schauen, froh sein, dass es gesund bleibt.

Die allermeisten Familien mussten zusehen, dass sie über die Runden kamen, aus der Armut, aus dem Mangel. Es musste vorwärtsgehen. Die großen Kriege waren vorbei, es musste besser werden. Teils waren Kinder auch noch Altersversorgung. Mit den Kindern konnte man den Fortschritt leben, für sie den Fortschritt angehen. Wir zusammen in die Zukunft, wir schauen, dass es besser wird.

Die Erziehungsprämissen waren in breitem Bogen in der Gesellschaft und dem Glauben verankert sowie in der eigenen Herkunft, der Sippe, der Tradition. Familienindividuell waren die Lebensgefühle in der Art und Weise, wie man sich freute, feierte, vor dem Essen betete, zu Sachen Sorge trug, stritt, teilte und belohnte. Man wollte nicht preußisch strikt, aber auch nicht südländisch vergötternd sein zu den Kindern. Eine gute Erziehung lag dazwischen. Und noch sehr oft waren mehrere Personen familiennah an der Erziehung beteiligt. Familie erzog. Es gab die Sünde, es gab die teuflische Verführung, die zehn Gebote waren Orientierung. Es gab die Rollenbilder, dahin versuchte man zu lenken, zu fördern. Mädchen sollten Frauen und Mütter werden und möglichst noch so geschickt sein, dass sie auch was dazu verdienen können. Buben sollten Männer werden, einen Beruf erlernen oder ein Studium machen, Militärdienst leisten. Die Kirche, die Priester und Pastoren waren Orientierung, und auf die Lehrer und Lehrerinnen in den Schulen verließen sich die Eltern, dass auch diese dafür sorgen, dass aus den Kindern was werde, sie sich richtig benähmen, Erziehung bekämen. Im Alltagsleben wirkte das Dorf, wirkten die alltäglichen außerhäuslichen Begegnungen mit. Man grüßt, man ist anständig, man schaut, dass… Es galt, etwas zu werden.

Kinder hatten ihr Wesen oder ihren Charakter in ihre Wiege mitbekommen. Es schlägt mehr dem Onkel, der Großmutter nach, oder «ganz der Papa». Eltern mit mehr als zehn Kindern erlebten über die Zeit, dass jedes Kind, obwohl einigermaßen gleich erzogen, sehr unterschiedlich werden konnte. Von zehn Geschwistern war meistens eines das schwarze Schaf und eines wurde sehr erfolgreich. Zeigte ein Kind Schwierigkeiten bezüglich Rechnen oder Lesen und half mehr lernen und üben nicht weiter, galt es eher als diesbezüglich unbegabt. War es rasch frustriert oder eingeschnappt, schüchtern, kompliziert oder oft trübselig, so war dies vor allem von Natur aus so oder überirdische Bestimmung. Mit dem Wesen des Kindes musste man zurechtkommen. Ging es nicht gut, versuchte man es oft mit strikterer Erziehung, aber man

war doch eher ratlos. Man musste mit dem Kind zurechtkommen. Und das Kind musste lernen, mit sich zurechtzukommen.
Eltern erlebten sich als irgendwo in die Welt gesetzt und selbst Eltern geworden und mit ihren Kindern in einer Art gemeinsamem Schicksal. In der Welt bestehen, vorwärtskommen, elterlich führen, aber zusammen schauen, was sich machen lässt. Ein *Wir* spielt mit. Wir zusammen in dieser Welt. Als Eltern ein Kind mit seiner Art in Obhut bekommen und mit ihm zusammen in die Zukunft schreiten.

Im Verlauf der Sechzigerjahre begann ein Wechsel des Selbstbewusstseins (das eigene Gefühl, wie man wurde, ist und sich innerlich definiert), die medizinischen und psychologischen Möglichkeiten entwickelten sich, und es ergaben sich andere Erziehungsprämissen.
Mit den Beatles und Rolling Stones, den Hippies, Jugendkrawallen und Drogenräuschen begann die Jugend, die gesellschaftlichen Normen aufzuweichen und zu individualisieren. Das Wort Selbstverwirklichung kam auf. Ich bestimme mein Leben. Ich finde heraus, wer ich bin und was aus mir werden soll, was ich aus mir mache. Das Leben selbst in die Hand nehmen, nicht werden, was die Gesellschaft vorgibt. Diese Individualisierung war begleitet vom Sich-Kümmern um die menschliche Psyche. Die Psychoanalyse, zwar schon Anfang des letzten Jahrhunderts begründet, gewann ab den 68ern mehr und mehr an Bedeutung. Sie begann das menschliche Wesen in seinem Denken und Fühlen als quasi neutral und rein geboren und in seinem Leben von Kleinkind auf als dynamisch und durch Erlebnisse, Begegnungen und Kommunikation stark veränderbar zu beschreiben. Daraus entwickelten sich viele verschiedene Arten von individualpsychologischen Ansätzen. Neurosen wurden beschrieben und viele unterschiedliche psychiatrische Diagnosen. Man begann systemisch zu denken, beschrieb anfänglich die Dynamik von Paaren und später die der Familien. Und mit all diesen Ansätzen entstand ein breites Band von Therapieansätzen. Man begann, die als Schicksal in die Wiege bekommenen Wesensarten oder Charaktere in die Hand zu nehmen, aus dem Schicksal zu lösen und als veränderbar zu definieren.

Im Bereich des Schulischen analysierte man, dass Schwächen im Lesen oder Rechnen nicht einfach eine Art von Dummheit ist, sondern dass ein Unvermögen in der Denkstruktur des Kindes zugrunde liegt. Also nicht Wesensart, sondern ein Unvermögen des Denkens. Legasthenie und Dyskalkulie wurden definiert und entsprechende Unterstützung zum Überwinden oder Vermindern des Handicaps entwickelt.

Im Bereich Wirtschaftspsychologie entwickelte man Methoden, um den Menschen mehr verkaufen zu können, auch um Kommunikation, Entscheidungsprozesse oder Personalführung zu optimieren. Mittlerweile gibt es ganz viele Angebote um Gedanken, Emotionen, Denkprozesse, Kommunikation und Interagieren zu analysieren und zu verbessern, zu optimieren. Psychologisch gesehen ist jetzt sehr viel mach- und erreichbar.

Mit diesen psychologischen Analysen sind gleichzeitig aber auch Gefahren beschrieben worden. Man kann neurotisch werden, depressiv, süchtig. Man weiß, dass ein schockierendes Erlebnis ein Trauma ausgelöst haben kann. Prävention ist auch im psychischen Bereich ein wichtiges Wort geworden; Suchtprävention, Gewaltprävention, Konzepte zur Erhaltung der psychischen Gesundheit.

Viele heutige Großeltern haben diese Entwicklung erlebt, die allermeisten heutigen Eltern sind in diesen Erkenntnissen und entsprechenden Möglichkeiten und Hilfen groß geworden. Sie haben es an der eigenen Individualität ihrer Psyche erlebt. Sie sind sich bewusst, dass das Psychologische ein wichtiger Lebensfaktor ist und diesbezüglich einiges problematisch verlaufen kann. Sie wissen aber auch, dass man daran arbeiten kann.

Der Ansatz der Psychoanalyse, dass sehr viele Ursachen der emotionalen Konfusionen im Erwachsenenleben in der Kindheit gründen, mit den Eltern zu tun haben müssen, gibt Anlass, Schuld bei seinen Eltern zu suchen. Bei vielen heutigen Eltern denkt es so. Und so wissen sie auch, dass sie bei ihren eigenen Kindern solche psychische Störungen verursachen könnten.

Mit dem vermehrten Achtgeben auf die Individualität der Kinder, seine Begabungen und inneres Wesen, wurden viele Jugendliche zu Erwachsenen, die Berufswahl und Freizeitbeschäftigung auch als persönlichkeitsbildend erlebten. Sie nahmen aus der Kindheit und Jugend eine selbstbezogene Sensibilität mit zu dem, was sie tun, tun müssen und wie. Sie prüfen an sich, ob es zu ihnen passt, für sie erträglich ist, ihnen ansteht. Bei allem Wirken und Machen in den Jahren als junge Erwachsene erleben sich viele bis gegen dreißig hin als sich individualisierend, als sich selbst persönlichkeitsformend. Und sehr viele erlebten, dass sie sich mit Ausbildung, Kursen, Weiterbildungen und Workshops weiterentwickeln, dass sich dies lohnen kann. Auch in Sport und Hobby lernt man, dass mit Training viel möglich ist. Sich verwirklichen, aus sich etwas machen. Die Lebensformung hat viel mit Bildung, Ausbildung und Training zu tun. Oder, und das haben auch viele hinter sich, sie haben sich in eine psychotherapeutische Behandlung begeben. Sie machten die Erfahrung, dass man auch an der mentalen Einstellung arbeiten kann. Ausbildung und Wissen nützen wenig, wenn man innerlich nicht gut geformt ist. Viele werden Eltern im Bewusstsein, dass das Psychische enorm wichtig ist, man darauf achten muss.

Auch bei den medizinischen und psychologischen Hilfestellungen rund um Kinder entwickelte man neue Möglichkeiten. Ein erster wichtiger Schritt war die Pille. Und es folgten weitere, feinere Methoden der Familienplanung (Spirale, feinste Temperaturmessung, Pille danach). Dies ermöglicht nun Erwachsenen, ihr Leben auf der individuellen und paarbezogenen Ebene vom Elternwerden klar zu trennen. Es gibt auch die Fruchtbarkeitsmedizin; in der gynäkologischen Medizin verbesserte sich die Geburtshilfe. Dank Kaiserschnitt kann relativ spät im gebärfähigen Alter einer Frau ein Kind gesund zur Welt kommen. Im pränatalen Bereich kann man per Ultraschall Risiken bezüglich Fehlentwicklungen relativ früh einschätzen. Auch weiß man, ob es ein Mädchen, einen Knaben oder

Zwillinge gibt (Überraschungen sind sehr selten). Und man hört schon ihren Puls vor der Geburt. Gewissermaßen lernt man so das Kind früher kennen. Fast alle Paare besuchen, zumindest vor der ersten Geburt, einen Geburtsvorbereitungskurs mit dem Ziel einer schönen Geburt. Es gäbe die Musikbeschallung für das Kind in der Gebärmutter, damit es dann einmal… Und man liest, dass die psychische Verfassung der Mutter während der Schwangerschaft Einfluss auf des Kindes Zustand nach der Geburt haben kann. Man muss eine Wahl treffen, wie man gebären will, für sich und für das Kind. Und nach der Geburt wissen die Helfenden viel darüber, wie man mit dem Kind rasch in eine gute Beziehung kommt, was ihm guttut, schaden könnte, und geben ihre Ratschläge. Stillen ist heute quasi ein Muss. Und der richtigen Ernährung der Kleinsten wird viel Beachtung geschenkt. Man soll richtig wickeln, richtig liebkosen, es richtig einschlafen lassen… Die Kinderpsychologie weiß um Gefahren, hat viel herausgefunden, und Eltern kommen nicht darum herum, dies wahrzunehmen. Man könnte sich für das Baby-Mutter-Schwimmen entscheiden. Oder besser MuKi-Turnen? Und mit dem Größerwerden der Kinder begegnen Eltern laufend Angeboten für die Prävention gegen dies, der Förderung für jenes. Impfen ist für viele Eltern ein großer Entscheid. Zusammengefasst: Von Anfang an, ab Embryo, haben Eltern Kenntnis von verschiedenen Möglichkeiten rund um Gesundheit, Prävention und Förderung des Kindes. Eltern sind damit konfrontiert, dass sie sich aktiv oder passiv für oder gegen Hilfs- und Förderungsangebote entscheiden. Auch wenn sie passiv entscheiden, sind sie sich bewusst, dass sie entscheiden.

In den Sechzigerjahren begann ein Wandel bei den Erziehungsprämissen. A.S. Neill, mit seiner Privatschule in Summerhill, die als antiautoritäre Erziehung bezeichnet wurde, gab hauptsächlich den Anstoß. Das Kind in seiner Einmaligkeit rückte in den Mittelpunkt. Erziehung à la Summerhill galt bald einmal als gescheitert, vielen kam es verwahrlosend vor. Man sucht nach Erziehungsarten, die auf das individuelle Wesen eines Kindes eingehen und es dennoch gut fördern. Ab ungefähr 2000 floss in diese Forderung ein, dass Erziehung auch partizipativ sein soll. Heißt, Kinder sollen bezüglich ihrer Bedürfnisse und Wünsche mitreden können. Die Rechte der Kinder (Kinderrechtskonvention der UNICEF) wurden weltweit proklamiert und in die Konzepte von Schulen und den Umgang von Gemeinwesen mit Kindern implantiert. Etwas Zentrales: Schlagen als Strafe geht nicht. Fair muss es sein, mitreden, sich einbringen heißt auch, etwas Demokratisches muss mitwirken. Erziehen auf Augenhöhe soll möglich sein. Autorität ist schnell autoritär. Und Erziehung kann, soll auch Prävention sein, gegen Gewalt, Sucht oder psychische Störungen. Erziehung soll dem Potenzial eines Kindes gerecht werden. Und heute weiß man, dass Lernen schon sehr früh beginnt, im Kleinkindalter. Frühe Förderung ist deshalb in vielen Gemeinden als Aufgabe in Kinder- und Jugendkonzepte aufgenommen. Im Büchermarkt kann man verschiedenste Erziehungshilfen finden. Die meisten dieser Ratgeber thematisieren die Kunst, in der Erziehung eine gute Balance zwischen Das-Kind-mit-Einbeziehen und es gut führen zu finden. Langsam aber sicher war es vorbei, dass man so erziehen konnte, wie man erzieht, sondern man musste sich als Eltern darum kümmern, welchen Erziehungsstil man wählte und anwendete.

Einfach Familie leben und es erzieht irgendwie, weil man ja vernünftig lebt, geht heute eigentlich nicht mehr. Man ist sich bewusst, dass es Stile und Methoden gibt, dass man mit diesem Stil oder jener Methode dies oder das mehr oder weniger beim eigenen Kind fördern oder vernachlässigen kann. Man weiß, dass man es sehr gut machen muss, sonst könnte man dies oder jenes verpassen oder gar dem Kind dies oder jenes antun. Erziehung ist eigentlich zu einer permanenten, im Familienalltag mitlaufenden Aufgabe geworden. Man weiß ja auch von fast jedem Spiel, in welcher Weise es pädagogisch wertvoll ist.

Und die Eltern stehen, je älter die Sprösslinge werden, desto mehr im Verbund mit den pädagogischen Institutionen. Auch diese sind abgekommen von einer Schule, die nur Wissen beibringt und für Anstand sorgt. Schulpädagogik heißt heute, Denkmuster zu vermitteln und beizubringen, wie man mit Mathematik, Sprache und Text umgehen kann. Wie man Natur- und Umweltphänomene zu verstehen lernt. Heißt, motorische, fein- und psychomotorische Fähigkeiten zu fördern. Zu sozialisieren. Selbststeuerung zu lernen und Selbstwahrnehmung zu schulen. Schule heißt heute auch, präventiv gegen Sucht und Gewalt wirken. Das Kind in ein Kollektiv einfügen und immer auch auf die Individualität zu achten. Partizipativ, das Kind soll sich einbringen können, verstehen, was es machen soll, wie es sein soll oder sich geben soll. Schule will breit, ganzheitlich fördern, was heißt, dass sie auch charakterbildend wirken soll. Die Zusammenarbeit mit den Eltern ist Konzept, alle Schulen führen auch Elterngruppen. Und Schulen haben in den letzten zwanzig Jahren mehrere Reformen durchgemacht, sie suchen immer wieder bessere Methoden und Rezepte, wie man die Kinder optimal pädagogisiert. Die schulpsychologischen Dienste sind stetig ausgebaut worden. Lernschwächen, Lernmotivationen, Abklärungen für Übertritte sind ihre Aufgaben. Tut ein Kind nicht richtig, gibt es rasch ein Elterngespräch, und bald steht im Raum, dass Eltern es anders handhaben könnten, diesbezüglich etwas in der Erziehung gemacht werden könnte. Schulen führen Kontakthefte, in denen die Kinder den Eltern regelmäßig alle Informationen über sich selbst, natürlich vor allem die kritischeren, nach Hause bringen. Die Schule würde sagen, es sind Informationen, die die Eltern haben müssen, aber die meisten Eltern deuten diese Einträge für sie selbst auch als Aufgabe. Die Schule fordert die Eltern, zu wissen, wie es dem Kind geht, warum es sich so oder anders in der Schule benimmt. Ein Elterngespräch in der Schule benötigt meist mehr Zeit für Fragen um das Sozial- oder Selbststeuerungsverhalten und um das Wesen des Kindes als um seine Lernerfolge.

Egal, ob das richtig oder falsch ist, wichtig für die Grundbeziehung der Eltern zu den Kinder ist, dass die Schule das Gefühl der Eltern fördert, dass man Kinder richtig kennen oder analysieren muss, um sie gut formen und richtig gestalten zu können. Die heutigen Schulen fördern das Gefühl der Eltern, dass sie sehr viel Erziehungsverantwortung wahrnehmen müssen.

Die Bedeutung eines Kindes für die Eltern ist heute nur noch sehr wenig schicksalhaft. Die meisten Kinder sind in einer Abfolge von einer individuellen, auch paarindividuellen Lebensgestaltung zur Welt gekommen. Selbstverwirklichung, Paarlebensgestaltung, Karriereplanung und dann zum möglichst richtigen Zeitpunkt Familie. Mehr Planung und Entscheid als vom Leben her gedrängt. Eltern sind sich gewohnt, dass vieles, was ihr Leben betrifft, eine Abfolge von Idee, Zielentscheid, Zielverfolgung und Realisierung ist. Sehr vieles gelingt ziemlich zielgenau, wenn man einigermaßen vernünftig auswählt. Die meisten Eltern entscheiden sich in ihrer Wahrnehmung, eine Familie zu gründen. Und wie es heute ist, ist Familie nicht als quasi kollektives Bild gespeichert, wie es dann einmal sein wird. Das Zukunftsbild wird relativ individuell ausgemalt. Auch Familie ist plan- und gestaltbar, fast genauso wie man sich gewohnt ist, via Werbung, Fotos, Filmen, Clips und Internet sich in schon oft ausgemalten Szenarien zu bewegen. Und viele von denjenigen, die nicht geplant und gewollt Eltern wurden, nagen oft noch lange daran, etwas falsch gemacht zu haben.

Hat sich dann ein Kind angemeldet, müssen die Eltern entscheiden, ob sie es wollen oder nicht. Auch wenn ganz klar ist, dass man ein Kind will, gibt es tief im Innern einen Entscheid, wenn man weiß, dass man eine andere Möglichkeit hätte. Ist die Schwangerschaft da, muss man sich für oder gegen pränatale Untersuchungen entscheiden, eine Geburtsmethode wählen, dann Stillen oder nicht, die Schlafmethode, dann Impfen... Bis in den Kindergarten hat man schon x Entscheide für oder gegen diese oder jene Präventions- oder Förderungsmaßnahme gefällt. Vorsicht mit Gesundheit und Psyche, Förderung und hin zu Optimierung betreffend Bildung. Mit all diesen Entscheiden, die ein Abwägen von Vor- und Nachteilen sind, intensiviert sich das Gefühl, dass man sehr viel am Kind, an seinem Wesen, an seinem, ich sag mal Zustand, ja gar Charakter, gemacht hat. Heutige Eltern entscheiden über wohl hundertmal mehr wichtige Fragen zu ihrem Kind als Eltern vor zwei, drei Generationen. All diese vielen Entscheide machen die Eltern so sehr wichtig und verantwortlich für das Kind.

Und es spielt das folgende Prinzip mit: Wer wählt und entscheidet, ist schuld, wenn es nicht wie geplant läuft. Das klassische erste Beispiel, das Schuldgefühle auslöst, ist jenes, das aus den Geburtsvorbereitungskursen mitgenommen wird. Kaum eine Geburt ist schön. Anschließend gelingt das Stillen nicht, wie es sollte. Und die Mutter hat postnatale Depressionen und kann kein Glück zeigen, dies nicht gleich dem Kind geben. Und das Kind schläft nicht, wie es sollte. Die Eltern schlafen zu wenig. Das ältere Geschwister reagiert mit Eifersucht, statt dass es sich freuen kann, wo man es doch so gut vorbereitet hat. Ein Kind redet später lange nicht, andere fangen sehr spät an zu gehen, andere essen nur dies oder das… Gelingt die Einschulung gemäß Altersvorgabe? Jedes Kind zeigt Mängel, wenn es am Durchschnitt und am oberen Segment des Erreichbaren gemessen wird. Zu allem außerhalb der Norm gibt es ein Angebot zum Einmitten, medizinisch oder alternativmedizinisch, psychologisch, pädagogisch. Eltern stehen mit ihren Kindern an diesen Messlatten. Kinder sind nie fertig, immer im Wandel, und somit wissen Eltern nie wirklich, an welchem Punkt sie mit dem Kind stehen. Dass die allermeisten Kinder in einer breiteren Bandbreite auf Kurs sind, sind sich die wenigsten Eltern bewusst. Die Referenzen für Eltern bezüglich dem Einschätzen, wie gut es einem Kind geht, sind mehr defizitorientiert, weil die Optik der Einschätzung meist auf drohende Gefahren ausgerichtet ist. Also nicht wie gesund und kräftig das Kind ist, sondern welche Gefahren lauern und wo noch zu wenig getan, gegeben oder erzogen wird. Eltern stehen mit ihren Kindern einem großen Markt von professionellen Hilfsangeboten gegenüber, die ihre Produkte über Gefahrenmeldungen und ihre Verbesserungsversprechen verkaufen. Sich dem zu entziehen, ist nicht einfach, zumal man in einer Konsumgesellschaft aufgewachsen ist. Eltern leben mit vielen andern Eltern in diesem Zeitphänomen, das ist der aktuelle Trend. So erleben Eltern kaum einmal Erntezeit bei ihren Kindern. Ist ein Schritt getan, ist die Sorge um das Bestehen auf dem neuen Level und die weiteren Gefahren schon wieder angemeldet. Oder der getane Schritt ist kein ganzer, weil dies oder das doch noch besser sein könnte. Eltern sind sich mehr bewusst, was sie zu wenig, zu spät oder falsch gemacht haben, als was das Kind in ihrer Obhut schon erreicht

hat und wie reif es schon geworden ist. Viele Eltern nagen fast permanent an einem latenten Schuldgefühl gegenüber ihren Kindern, ihnen nicht zu genügen.
So kann man die gelebte Grundbeziehung der Eltern zu den Kindern folgendermaßen beschreiben: Wir haben uns für dich entschieden, wir sind einhundertprozentig für dich verantwortlich, wollen es sehr gut machen. Und kommt es nicht gut, sehr gut, liegt es an uns.

Es wird Großeltern geben, die diese Beschreibungen als ziemlich übertrieben einstufen. Es ist für sie so fast nicht vorstellbar. Ich zeige beobachtbare Szenerien aus dem Alltag auf, die ich als Hinweise für diese Phänomene betrachte: Eltern im Bus weisen Kinder auf dies und das hin, was draußen vorbeizieht. Sie erklären und fragen das Kind diesbezüglich; ob es auch schon…? Ob es wisse, dass…? Ob es auch einmal…? Sie thematisieren und kommentieren ziemlich intensiv, was draußen zu erblicken ist. Sie lassen das Kind nicht einfach rausschauen und sich verweilen. Kinder beim Ein- oder Aussteigen von Bus oder Auto oder das Kind auf dem Laufrad und die Eltern nah dran: Sie weisen fast jede Bewegung an, sind sprungbereit, um Hilfe zu geben. Eltern reden, während das Kind macht, oft von hinten, so dass das Kind sich kaum nach vorn konzentrieren kann. Die meisten Eltern erfragen das Kind, nachdem sie mit ihm etwas abgesprochen haben oder eine Anweisung gaben, nach seinem Einverständnis. Okay? Gut für dich? Sie sichern bei den Kindern ihr Vorhaben ab, auch wenn das Kind nicht den ganzen Kontext der Fragestellung verstehen kann.
Es gibt Großeltern, die etwas jüngeren und eher städtisch aufgewachsenen unter ihnen, die haben dies in den Anfängen gelebt, waren an den Anfängen dieser Entwicklung beteiligt. Der Fortschritt von damals führte in diese Richtung. Heute, aus der Distanz der gelebten Lebensjahre, finden sie es eher übertrieben, sehen es gelassener.
Was kann dieses recht hohe Verantwortungs- und Umsorgungsgefühl der Eltern zu ihren Kindern für die Beziehungsebene Großeltern–Enkelkinder bedeuten?
Könnte man mit früher vergleichen, würde man wohl merken, dass die Eltern etwas zögerlicher geworden sind, wem sie ihr Kind

in die Arme geben, von wem sie es umsorgen lassen wollen. Ein kleiner Schmerz, ein kleiner Frust, sie wollen es eher selber trösten. Sie wägen gut ab, ab wann sie es dann mal mit den Großeltern allein lassen. Es ihnen überlassen. Oder sie geben ziemlich genaue Anweisungen, wie was, falls, auch wenn man nur in ihrem Beisein zum Kind schaut. In der Kleinkinderzeit funkt vermutlich noch wenig in ihre Begegnungen. Man muss ein wenig mitmachen, sich den Eltern angleichen, so deren Vertrauen bekommen und dann kann man bald mit den Enkelkindern selbst herausfinden, wie was zu hantieren, zu schaukeln ist.

In der Anfangsphase der neuen Familien besteht für die Beziehung Großeltern–Enkelkinder eine große Chance. Die heißt Entlastung. Die meisten Eltern haben sich die ersten Familienjahre nicht so vorgestellt und ausgemalt. Kinder schreien, sind krank, fordern dies und das, stellen die Wohnung auf den Kopf, kennen keinen Feierabend, schlafen im Bett der Eltern, fordern. Die Vereinbarkeit von Arbeit und Familie stellt viele junge Eltern vor große Probleme. Sie möchten weiter ihrem Beruf nachgehen, auch budgetbedingt, und brauchen ihre Freizeitbeschäftigung. Sie sind ja selber bei ihren Eltern so aufgewachsen, so sozialisiert worden. Das ist für sie wichtig und notwendig, es muss so funktionieren. Wenn Großeltern einen Teil ihrer Zeit für die Enkelkinder hergeben, tun sie den Eltern einen großen Dienst, sie können sie entlasten. Dieser Dienst macht die Eltern großzügig gegenüber den Entlastenden. All ihre Vorsicht und was sie sich bezüglich Kindererziehung vorgenommen haben, rückt in der Sorge um ihr eigenes Bestehen und das ihrer Familie etwas in den Hintergrund.

Man muss nicht sämtliche Sorgen um die Kinder mit den Großeltern teilen. Die Entlastenden bekommen einen gewissen Spielraum. Gerne geben die Eltern ihre Sprösslinge für einige Stunden, einen Tag ab, damit sie ihren Aufgaben und Notwendigkeiten nachgehen können. Berufstätige Eltern nagen aber oft am Gefühl, dass sie sich zu wenig um ihre Kinder kümmern würden. Wenn sie frei haben, müssen sie ihre Liebsten umsorgen können und/oder für die Erfüllung ihrer Lebensgestaltungsidee als Eltern in Aktion sein. Kann heißen, dass die Enkelkinder nicht allzu früh bei den Großeltern übernachten sollen und nicht zu früh ganze Ferien, sondern nur ein paar Tage anstreben. Und gewisse Konzessionen betreffend Vorsicht mitmachen, auch wenn man die Sorge darüber mit den Eltern nicht teilen kann. Beispiel Velohelm, auch im Spielkasten. Den Eltern dreinreden, öfter skeptische Bemerkungen, auch wenn diese aus der Distanz der Lebenserfahrungsjahre als berechtigt erscheinen, kommen kaum an. Einerseits, weil die Eltern mittendrin sind, als Unerfahrene kaum die Relationen erkennen können und anderseits, weil sie es gewohnt sind, dass ihre Eltern über sie staunen, sie nicht recht begreifen und sowieso, was Eltern sagen, nicht gelten kann. Rat erst anbieten, wenn wirklich darum gefragt wird, und dann nicht fordernd, sondern mehr als Empfehlung oder andere Ansicht.

Kommen die Kinder ins Bildungs- und Lernalter, sind eingebunden in die pädagogischen Institutionen, muss man als Großeltern damit rechnen, dass die Zeit mit den Enkelkindern weniger wird. Die Kinder werden in ihrer Freizeit zunehmend in Freizeitangebote eingespannt, wollen dies auch selbst, weil ihre Kolleginnen und Kollegen dort mitmachen. Das wird von den Eltern auch gefördert, weil dort die Kinder weitere nützliche Erfahrungen machen können. Auch wenn es etwas undankbar von Aufwand und Zeit her sein mag, die Enkelkinder zu ihren Freizeitbeschäftigungen begleiten – und wenn es nur hinbringen oder abholen ist –, sind gute Gelegenheiten, sich einfach begegnen zu können und etwas von ihnen zu hören. Solch kleine Regelmäßigkeiten haben auch Qualität.
Der Anspruch, als Großeltern bei den psycho-edukativen Fragen und Sorgen helfend und mitredend den Eltern beistehen zu kön-

nen, ist schwierig umzusetzen. Einerseits, wie oben erwähnt, funken meist Abgrenzungsmotive zwischen den beiden Generationen dazwischen. Und anderseits sind die Eltern sich mehr gewohnt, den Professionellen zuzuhören, sich an ihnen zu orientieren. Oder fühlen sich mehr oder weniger verpflichtet, in diesen Meinungen und Interpretationen der Experten zu denken, weil deren Beurteilungen auch zu Entscheidungen bezüglich ihrer Kinder führen können. Stufenwechsel, Einteilung in ein schulintegriertes Sondersetting, allenfalls mit Einbezug der Eltern, heißt Sitzungen und Beratungsgespräche oder Therapie. Gleich Autonomieverlust und sicher auch Scham. Eltern sind Laien, da kann man nicht einfach sagen, das kommt dann schon, so sind wir oder halb so schlimm.

Das heutige Kindsein

Großeltern beobachten im Allgemeinen, dass heutige Eltern eine andere Auffassung von Kindern haben als sie. Dass sie, wie zuvor schon erläutert, mit ihnen anders umgehen, sie anders erziehen. Gerne würde man wissen, wie sich das auf die Kinder auswirkt, damit man auch als Oma und Opa mit ihnen gut umgehen kann, um ihnen das geben zu können, was für sie richtig ist. Vielleicht spürt man schon einen Druck, den heutigen Erziehungsprämissen entsprechen zu müssen und möchte alles richtig machen, genau das den Kindern geben, was deren Eltern erwarten.
Ich würde sagen, Kinder sind in ihren Grundstrukturen noch ziemlich gleich wie zwei oder drei Generationen zuvor. Die Evolution ist nicht so rasant fortgeschritten wie Zeitströmungen. Aber heutige Kinder sind sich vieles anders gewohnt und, je nachdem, etwas empfindsamer, kecker oder gerechtigkeitsbewusster.
Wünschenswert wäre, dass Eltern und Großeltern einen möglichst großen Konsens hätten, wie es mit Kindern denkt und fühlt, was sie benötigen, was ihnen zugetraut werden kann. Für die Kinder ist es sicher angenehm, wenn sie sich skepsisfrei zwischen den beiden Generationen bewegen können.

Wie «es» mit Kindern fühlt und denkt

Man kann nicht genau sagen, wie Kinder fühlen und denken. Dieses Fühlen und Denken würde ich weniger als aktiv denn als passiv beschreiben. «Es» denkt und fühlt mit ihnen, je jünger desto mehr aus dem Innern heraus. Ja selbst bei Erwachsenen fühlt und denkt es mehr aus dem Innern, als man wirklich nachdenkt und nachfühlt. Erwachsene haben aber dank ihrer Reife die Chance, nachzudenken, zu überlegen, Gefühle zu überprüfen.

Die Intuition

Für mich die faszinierendste und bewundernswerteste Begabung von Kindern ist die Intuition. Intuition ist definiert als «aus dem

Bauch heraus», aus dem Unterbewusstsein. Die Fähigkeit, das Richtige zu tun, ohne genau sagen zu können, warum. Kinder mussten in den über hunderttausend Jahren Menschheit lernen zu überleben. Vom Homo erectus über die Neandertaler und das Mittelalter bis nahe in die heutige Zeit, und vielerorts noch immer, lebten Kinder in Mangel auf. In der Konkurrenz unter Geschwistern, anderen Kindern, in der Sippe, um Essen, Wärme, Pflege, Anerkennung und Zuneigung. Da entwickelten die Kinder schon sehr früh nach der Geburt eigene Fähigkeiten, sich die Gunst der Erwachsenen zu holen oder sich durchzusetzen. Richtig schreien, jammern, wimmern, einschmeicheln, schöne Augen machen, das richtige Wort oder die wirkungsvollste Mimik und Gestik im richtigen Moment. Die in dieser Weise schlauen Kinder hatten es besser, kamen besser weg, waren die Erfolgreicheren, vielleicht ging es auch ums Überleben.

In unseren Zeiten sind diese «Überlebenstaktiken» kaum mehr notwendig. Es gibt genug zu essen, meistens genug Wärme und Pflege, die Grundversorgung ist gegeben. Aber die heutigen Kinder haben diese «Überlebenstaktiken» immer noch intus. «Es» wendet sie bei ihnen an. Passiv-aktiv, nichts Bewusstes. Kinder in eher armen oder reichen Familien fühlen sich immer etwa gleich glücklich oder unglücklich. Ihr Ausgangsmaßstab ist ihre alltägliche Realität, ihr Gärtchen Familie. Für das Kind im blumenreichen Garten sind hundert Blüten genauso wertvoll wie für das Kind im Kakteengarten mit fünf Blüten. Wenn die Eltern es noch so gut machen, das Kind kämpft immer um mehr. Welche Qualität von Familienleben man wirklich hatte, wenn einigermaßen in einer vernünftigen Bandbreite, realisiert man erst später ab dem Jugendalter, wenn eine Abstraktion vom eigenen Ich und der eigenen Familienbande von der Reife her zu anderem familiärem Sein möglich ist.

Hier eine Anekdote, erlebt auf einem Sonntagsspaziergang: Kurz nachdem der Weg zwischen einem Bauernhof durchführte, holten wir eine Familie mit drei Kindern ein. Zwei Mädchen, wohl zwei Freundinnen, sieben, acht Jahre alt, blieben stehen, kicherten, wandten sich ab und ließen uns passieren. Vor uns ein Knirps von kaum vier Jahren, zwischen seinen Eltern, sich halb in ihre Hände gehängt, halb mitschlurfend. Die Mutter: Aber du bist doch dem Hahn so nahe gekommen, hattest doch so viel Freude. Der Knirps: Neiiin! Kurzes Stampfen. Der Vater: Und du hast den Esel als einziger berühren können, das hat dir doch so gefallen! Der Knirps: Neiiiiiin!! Mit Kopfschütteln und an den Händen zerrend. Die Mutter: Aber du hast ja die Hühner zuerst entdeckt, warst ja der Schnellste. Der Knirps: Neiiin, neeiiin! Stampfen. Der Vater: Und dich hat der Esel am längsten angeschaut, du warst ihm sicher am liebsten. Der Knirps: Nein, nein, neiiiin! Schütteln und Zerren der Hände der Eltern. Die Mutter: Aber du hast… Der Knirps: Ich will den Esel totmachen! – Dann nur noch Schweigen, und der Knirps trottete halb hängend in den Händen seiner Eltern weiter, mürrisch, trotzköpfig. Er wollte wohl einfach mürrisch und enttäuscht sein, das arme Kind sein, weil die Schwester und ihre Freundin ihn zuvor vermutlich getriezt hatten. Er wollte nicht getröstet und ermuntert sein. Das mit dem «Totmachen» war intuitiv der genau richtige Ausdruck, der die Eltern brüskiert und zum Schweigen brachte. Bingo!

Kinder finden heraus, dass in einer gewissen Art jammern bei der Mutter mehr wirkt als beim Vater. Kinder sind meist tapfer, wenn sie aufs Knie fallen und allein sind oder nur mit ihren Gleichaltrigen zusammen. Ist die Mutter in Sicht- und Hörweite, tut es mehr weh, sie jammern lauter. Kinder können, wenn es ihnen zu lästig wird, zu unangenehm, leicht verwirrend ablenken und von was anderem brabbeln oder recht barsch «will nicht» sagen, oder jappsen. Je nachdem, von wem es «bedrängt» wird, macht es intuitiv, was wirkt. Kinder können ganz ehrlich bei den Eltern Äpfel nicht

lieben, bei den Großeltern aber schon. Kinder können bei den Eltern, den Großeltern oder in der Schule andere Meinungen und Vorlieben oder Aversionen äußern und sind dabei ganz ehrlich. Oft spüren Kinder nicht nur ihre Meinung, sondern spüren auch die Szenerie, den Kontext, mit wem sie zusammen sind, ihr Empfinden in diesem Moment ist dann auch ihre Meinung. Es gut haben heißt für Kinder, sich in den jeweiligen Lebensmomenten auch anpassen, mit den aktuellen Szenarien zurechtkommen. Dem Vater erzählen sie, wie tapfer sie im Kindergarten waren, als das rothaarige Mädchen es biss, weil der Vater so stolz auf sein Töchterchen sein kann, wenn es tapfer war. Und der Mama zeigen sie ihre Enttäuschung und den Frust und den Schmerz bei diesem Biss, weil ihre Intuition weiß, dass die Mama so gut trösten kann und es dann vermutlich auch Schokolade gibt. Ausspielen, was vormachen? Eher nicht, einfach ehrlich aus der Intuition heraus, dass von Fall zu Fall dabei etwas Gutes herausschaut.
Manchmal treten Kinder mit der Intuition auch in Fettnäpfchen. Das Bauchgefühl meldet einen vagen, spannenden, lustigen oder kritischen Zusammenhang zu Worten oder einer Situation. «Ist das auch eine Protzkarre?», zum Onkel, der mit dem Porsche zu Besuch kam und in der Familie schon darüber gewitzelt wurde. «Muss ich schauen, wie alt diese Schokolade ist?», fragt das Kind die Mutter, als ihm die Großmutter eine Tafel schenkte.

Kinder leben im Moment, in ihrer Zeitspanne

Und hier beschreibe ich das zweite Element, wie es mit Kindern fühlt und denkt, welches mit der Intuition eng zusammenspielt.
Kinder leben, je jünger sie sind, im Alltag, im Hier und Jetzt. Sie tauchen schnell ein in das, was sie gerade tun und schweifen dabei meist rasch in ihre eigenen Welten und Fantasien ab. Kinder haben noch keine Übersicht über das Leben. Zusammenhänge können sie wenig logisch benennen. Im Unterschied dazu können Erwachsene schon über mindestens zwei Jahrzehnte hinwegschauen, sind in der Lage, aufgrund ihrer Erfahrung die Zukunft bis zu einem gewissen Grad zu antizipieren. Kinder leben je nach Alter in der Fühlwolke der nächsten fünf Minuten, fünf Stunden, fünf Tage. In ihrem Sichtkreis der nächsten fünfzig, hundert, fünfhundert Meter.

Ein vierjähriges Kind, dem man sagt: «Du kannst jetzt ein Eis haben, aber am Abend gehst du dann schön brav ins Bett», antwortet problemlos mit Ja, ohne den Zusammenhang mit dem Abend wirklich mitzunehmen. Jetzt reizt das Eis. Ein Kind bis sechs oder sieben Jahre, das ins Zimmer gehen musste, weil es zuvor frech und laut war beim Essen und nachdenken sollte, was es das nächste Mal anders machen müsse, denkt nur kurz nach, oder weiß nicht genau, was es denken soll. Es ist zwar noch hässig und dann verärgert, aber bald in seiner eigenen Welt. Fantasiert vielleicht, wie es ein mächtiger Drache sein könnte. Kinder können zuverlässig auf dem Weg zur Schule sein, in dieser Zeit sich in ihren Fantasien als Supertorhüter oder Prinzessinnenreiterin erleben. Ein Kind kann, solange es bei den Großeltern ist, das liebe Kind sein, dann bei den Eltern das störrische.

Mit diesen beiden Elementen, Intuition und beschränktes Zeitbewusstsein, floaten und dümpeln Kinder in ihren Wellen und halten einigermaßen Kurs. Sie können Vorgaben der aktuellen Szenerie leben, sich mehr oder weniger richtig benehmen. Sie können Stimmungen einigermaßen deuten und sich entsprechend verhalten oder anpassen, das alles altersgemäß und ihrem Wesen entsprechend. Die Erwachsenen müssen sich bewusst sein, dass sie die Kinder nur in ihrem jeweiligen Kontext erleben. Intuitiv leicht oder fest angepasst. Erwachsene müssen sich bewusst sein, dass Aussagen und Antworten von Kindern, außer bei großem

Hunger, großen Schmerzen oder viel Freude, immer auch mehr oder weniger an den aktuellen Kontext adaptiert sind. Das immer gleiche Kind gibt es nicht, es gibt nur das Kind da und dort, in diesem oder jenem Zusammenhang.

Selbstentwicklung

Wie oben beschrieben, ist zu beobachten, dass heutige Eltern im Zusammenspiel mit den pädagogischen Institutionen, von Kita bis Schule, die Kinder intensiver fördern, ihnen aktiver mehr beibringen wollen als zwei, drei Generationen zuvor. Man könnte den Eindruck bekommen, Kinder würden kaum was lernen, sich kaum entwickeln, wenn die Erwachsenen ihnen nicht alles beibringen würden.

In der Regel entwickeln sich Kinder sehr selbstständig, wenn sie dazu einen vernünftig offenen Rahmen bekommen. So wie sie körperlich größer und geschickter werden, reift auch ihr Geist. Sie werden gescheiter und können immer mehr. Sie sind viel mehr Autodidakten, als ihnen heute zugestanden wird. Ist einem Kind langweilig und es bekommt die Zeit, die Langeweile zu überwinden, geht es in einen Selbstbeschäftigungsmodus, in welchem es selbst etwas kreiert. Seine Fantasie beginnt zu wirken, aus einem Stein kann eine Figur werden, aus einem Papier und Malstiften kann eine Geschichte werden, aus mürrischem Murren kann ein Eigendialog werden, indem es den Drachen bändigt, dem Räuber Paroli bietet. Kinder können abschauen, zu imitieren versuchen, wollen sich darin üben. Sie sind neugierig, sie fordern Anregung und zeigen Interesse. Kinder lieben aber auch sich immer wiederholende Spiele und Geschichten. Sie benötigen Zeit, bis es bei ihnen reif ist, den nächsten Schritt zu tun. In dem Sinn auch Geduld und Freiheit, es in ihrer Art zu versuchen. Einfach aus eigenem Antrieb etwas ausprobieren. In diesem Wiederholenden trainieren sie die Feinheiten, die Routine, bekommen sie Sicherheit. Und sie brauchen auch genügend Spielraum, um ihr Tempo finden und gehen zu können.

Ihre Lernfelder sind sie selbst und andere Kinder, Zeiten mit Tanten, Bekannten und natürlich auch Großeltern sowie Spiel- und Sportgruppen. Es sind nicht nur Spielgruppe, Schule und Elternhaus. Von andern Kindern können sie abschauen und es dann selbst ausprobieren. Mit anderen Kindern können sie altersgerecht streiten, verhandeln, sich zurücknehmen und durchsetzen lernen. Bei anderen Leuten sehen sie Unterschiede zum Familiären und Alternativen, wie gestritten, gegessen, über etwas gesprochen werden kann. Ein einigermaßen erbauliches Klima und ein gutes Maß an Anregungen genügen einem Kind, um sich zu entfalten, klüger und gescheiter zu werden. Das haben die allermeisten in sich.

Das Selbstregulierende

Wären Kinder von sich aus vernünftig, setzten sie sich selbst Grenzen? Haben sie eine innere Vernunft, können sie sich selbst regulieren? Man weiß es ja nicht so recht. Experimente mit Kindern durchzuführen, die sie in Gefahren, ins Grenzenlose leiten könnten, sind nicht fair. Kinder unter Kindern draußen auf der Straße, wie auf alten Schwarzweißfotos, sieht man heute seltener. Kinder, die zu viel Süßes essen und trinken, dagegen relativ häufig. Kinder, die von einer alten und gebrechlichen Oma gehütet werden und bei ihr tun könnten, was sie wollten, sind auch selten. Man weiß nicht so recht, wie vernünftig Kinder von Natur aus sind.

Ich gehe davon aus, dass Kinder unter Kindern ziemlich fair miteinander umgehen. Ihre Streitereien enden dann, wenn es noch fair ist, wenn es nur so fest weh tut, dass es noch okay, überwindbar ist. Kinder, die einmal zu viel Schokolade gegessen haben, nehmen nicht so bald wieder zu viel davon. Kinder, die eine Geschichte gehört haben, die ihnen Angst eingejagt hat, meiden über längere Zeit, wieder eine solche Geschichte hören zu müssen. Kinder, die mal zu frech sind und eine gehörige Reaktion erfahren, sind daraufhin vorsichtiger.

Doch Kinder finden in einem Umfeld, das übertreibt, in einem Alltag, der zu viel von etwas lebt, nicht von selbst das richtige Maß. Ist der Körper auf zu viel Süßes eingestellt, übertreibt er von sich aus weiter. Kinder, die in einem Klima von Triezen und Runtermachen leben, triezen und versuchen, die andern fertigzumachen. Kinder, die von Tollem und Bestem überreizt werden, suchen das Tolle und Reizerfüllende tendenziell im Übermaß. Kinder, die nie Ruhe haben, vertrauen der Ruhe nicht. Kinder, die nicht fallen dür-

fen, lernen nicht fallen. Kinder, die nie genügen können, resignieren oder treiben sich in immer größeren Ehrgeiz. Kinder, die kein Spiel auskosten, ausloten konnten, wollen immer neue Spiele. Kinder, die nicht streiten lernen, keine eigene Taktik üben können, schlagen um sich, rasten aus, wenn sie sich nicht mehr zu wehren wissen. Kinder, die keine Zeit bekommen, eigene Selbstzufriedenheit zu finden, wollen befriedigt werden. Kinder, die fast immer in organisierten Abläufen funktionieren, verheddern und verrennen sich, wenn ihnen etwas ungewohnt vorkommt.
Kinder würden aus ihrem Innern, von der Natur her gegebenen Fähigkeiten, viel Vernunft mitnehmen. Aber sie sind auch Herdentiere und leben das Maß ihrer Umgebung. Sie benötigen im Rahmen ihres Alters Übungsfreiräume und Experimentierfelder. Kinder brauchen Erwachsene, die ihnen altersgerechte Rahmen geben.

Wie gehen Kinder mit ihrer Erziehung um?

Kinder erleben lange Zeit ihre Kinderstube, ihre Eltern, ihr Familienleben ganz selbstverständlich als das Normale. Sie kennen in dem Sinn nur ihren Garten, fühlen sich als Teil dieses Gartens. Sie können diesen noch nicht in Relation zu den andern stellen. Man könnte sagen, ihr Lebensbewusstsein ist, wie sich Alltag familienintern und im Austausch mit anderen ergibt. Sie sind kleine Personen, denen etwas behagt oder nicht, aber all das ist eingebettet in ihre familiäre Selbstverständlichkeit, in ihr Familienleben. Erst mit der Pubertät vermögen sie ihre Selbstverständlichkeit zu erahnen, zu erkennen und grundlegende Vergleiche mit anderen Familienwelten zu überlegen. Erkennende Vergleiche anzustellen.
Heutige Kinder sind sich an ein Familienleben gewohnt, das intensiv, einfühlsam, viel erklärend, partizipativ und trotzdem zielgerichtet zu- und hergeht. Sie sind es gewohnt, die Beschützenswerten zu sein, die viel Potenzial zeigen sollen. Sie sind es gewohnt, die Gefährdeten zu sein, die vorsichtig und angeleitet mutig sein sollen. Die Kinder sind sich gewöhnt, sehr viel erklärt zu bekommen, damit sie es irgendwie verstehen sollten. Sie verstehen es aber nur so, wie sie es verstehen können und sagen somit ja, okay, um die Eltern damit für die nächste Zeit zufriedenzustellen. Den

Kindern ist ja der Augenblick oder die nächsten fünf, zehn Minuten oder Tage, je nach Alter, wichtig. Kinder sind es sich gewöhnt, dass vieles, was sie machen sollen, mit ihnen zu tun hat, zu ihnen passen soll, sie dies bei sich innerlich abklärend spüren sollen und für sich als gut und passend oder störend beurteilen sollen. Kinder sind es gewohnt, dass vieles Freude machen soll, sie dafür Gefühle von toll und spaßig haben sollen. Kinder sind sich daran gewöhnt, dass viel besprochen, nachgefragt und abgeglichen wird. Sie sind an ein Feedback-System gewohnt. Heutige Kinder sind gewohnt, viel Lob zu bekommen und es sich zu holen. Dass zu fast allem, was sie tun, eine Meinung, ein Blick darauf aus der Erwachsenenwelt kommt. Für die Kinder sind solche Echos wie selbstverständlich, sie brauchen sie auch.

Kinder lernen autodidaktisch, mit der Erziehung ihrer Eltern umzugehen. Sie halten sich selbst mehr oder weniger im Gleichgewicht. Wenn es ihnen zu viel wird, verstehen sie, sich zu verweigern, abzulenken, ihren Willen durchzusetzen. Intuition. Immer unter der Voraussetzung, dass es einigermaßen fair ist. Die vifen, kommunikativen Kinder können voll mitmachen. Sie entwickeln manchmal eine bewundernswerte Meisterschaft, die Eltern in ihrem Sinn, nie bös gemeint, augenblicklich zu bestätigen, einzuwickeln, abzuweisen. Eine gewisse Gefahr sehe ich für die eher wenig redegewandten, stummen, tollpatschigen, ungeschickten oder eigenwilligen Kinder. Diese haben eher die Tendenz, ruhig zu sein, sich zu verweigern oder «auszuflippen». Viele dieser Kinder bekommen eine Abklärung, bekommen eine Diagnose, bekommen Hilfe und lernen, sich begleiten zu lassen, Hilfe zu bekommen, nicht fallengelassen, therapiert zu werden.

Kinder werden älter und eigenartiger, im Sinn von immer mehr sich selbst. Alle, die erwachsen geworden sind, können von sich sagen, dass sie zwar von ihrer Kindheit geprägt sind, letztlich aber, mit fünfundzwanzig, dreißig oder dann vierzig, oder das erste Mal allein in einem Sprachaufenthalt, nicht mehr bei den Eltern wohnen, viel mehr sich selbst geworden sind, als dass sie sich durch die Eltern erzogen fühlen. Viele würden sagen, dass sie als Erwachsene zu mehr als zwei Drittel sich selbst geworden sind, vieles Erlernte und Eingeübte, auch ihre Lebenseinstellung, vor allem ihr eigenes Dazutun ist. Gute Gewohnheiten haben sie mitgenommen, doofe mitgemacht und nun abgelegt. Sie wissen ziemlich gut, was gut war, was störend. Sie erkennen sich bezüglich wie und was sie selbst sind, was familiär mitgenommen oder noch störend ist. Man könnte sagen, Kinder surfen, floaten im Wind und Wellengang des elterlichen Sees. Tun, geben, benehmen sich so und so, manches prägt, anderes machen sie nur mit. Sind sie dann an ihrem Ufer, sind sie sich selbst. Oder anders gesagt, so sehr erzieht Erziehung nicht. Kinder werden erwachsen; vieles, was sie dann ausmacht, ist aus ihnen selbst entstanden.

Als Großeltern darf man sich bewusst sein, dass Kinder im Beisein der Eltern immer nur die Kinder in diesem Zusammensein mit ihnen sind. Die wirklichen Kinder erlebt so gesehen niemand. Sind sie mit ihren Großeltern zusammen, sind sie wie in diesem Beisein, aber auch nicht die wirklichen Kinder. Die wirklichen Kinder sind die zusammengefügten Bilder, wie sie im Sandkasten, mit den Geschwistern zusammen im Kinderzimmer, am Essen mit den Eltern, im Tram mit dem Opa, auf dem Zuschauersitz im Kasperletheater und so weiter, sind. Fast immer dieselben und doch so unterschiedlich. Was Kinder bei den Großeltern können, wie sie bei ihnen zu diesem oder jenem Gefühle zeigen, muss nicht gleich sein wie bei den Eltern. Es gilt also, das Gebaren der Kinder da und dort nicht eins zu eins zu vergleichen.
Wenn nicht sehr oft zusammen, oder wenig aneinander gewohnt, muss man den Kindern in ihren Gewohnheiten aus dem Elternhaus entgegenkommen. Etwas mehr erklären, nachfragen oder hinterfragen, als man es aus dem eigenen Gefühl für ein Kind tun würde. Man muss Kinder bei ihrer Selbstverständlichkeit abholen;

mit der Zeit kann man mit ihnen den eignen gegenseitigen Umgang kreieren.
Man kann auch sagen, dass viele Erwachsene, mit denen die Kinder zu tun haben, von ihnen immer etwas wollen, erwarten, sie prüfen, ihnen etwas beibringen wollen. Viele Erwachsene verhalten sich gegenüber Kindern meist erziehungsaktiv. Großeltern könnten dazu eine Alternative sein. Ohne etwas zu müssen. Außer normaler Alltag, man tut und ist. Was man macht, sachlich auf das bezogen, was man gerade macht. Nur spielen, nur staunen, nur einkaufen, nur…

Die heutigen Großeltern

Das Einst

Das Einst setzt sich aus Urbildern in unseren Köpfen und Herzen zusammen, besonders was Familie anbelangt. Eltern sein, Großeltern sein – möchte man dies werden und wird man es, so melden sich Vorstellungen, die tendenziell idealisiert sind. Diese Urbilder scheinen uns natürlich, werden zu einem Modell, auf das wir zustreben könnten.
Das Familienmodell mit den Großeltern: die Betagten, im Familienverband mit- und weiterlebend, die Jungen unterstützend, ergänzende Arbeiten oder Aufgaben übernehmend, jätend, flickend, kochend, zu den Kindern schauend, Märchen und tröstende Geschichten erzählend, Katzen fütternd. Ältere, die früh zu Bett gehen. Wenn in der jungen Familie aktiv: die Kinder hütend, teilweise den Haushalt machend, Kuchen backend. Weiter weg: wo man Ferien bei den Großeltern macht, als Enkelkinder erleben, wo die Eltern lebten, wie sie lebten, Düfte und Bilder. Heimat. Insbesondere bei Familien mit Migration, ob In- oder Ausland, oft vom Land in die Stadt. Im Generationenvertrag, wir gaben euch, ihr gebt nun uns.

Das ersehnte Urbild für das eigene Großelternsein: Nur etwas gealtert, nicht betagt, in die Jahre gekommen. Das Gesicht noch nicht gezeichnet, aber reif. Die Bewegungen noch nicht steifer, nur schonender oder bedächtiger. Brille ist gut. Die Stimme noch nicht rau, sondern samtig, das Reden bedächtiger. Graue Haare? Meliert ist besser bei den Männern. Bei den Frauen eher nicht, gefärbt, nicht mehr ganz schwarz oder blond, ins Dunkle, Rötliche,

Mèche ist beliebt. Beruhigend, tröstend, den Enkelkindern Liebe und Wärme gebend. Das alte Handwerk, der das Basteln vermittelnde Opa. Fertigkeiten, welche die Kleinen ins Staunen versetzen können. In einer anderen Welt, mit alten Möbeln (das nun doch nicht, zu antik?). Auf jeden Fall wertvoll für die Kleinen.
Auch nehmen wir in unsere Zukunft die eigenen Erfahrungen mit. Waren diese gut, sollten sie weiter Gültigkeit haben. Heutige Großeltern erlebten ihre Großeltern. Sie nehmen womöglich eine Zeitspanne von hundert Jahren an Lebensgefühlen, erlebten Gefühlsbildern als Modell, wie es sein könnte, in die heutige Zeit mit. Mein Großvater wurde 1875 geboren, ich bin selbst noch nicht Großvater, wäre aber durchaus in diesem Alter, in dieser Familienphase. Eine Bekannte von mir ist zehn Jahre jünger als ich und schon Großmutter, ihre Mutter Urgroßmutter und diese nur zehn Jahre älter als ich. Meine Großeltern lebten zu Beginn meiner Kindheit mit uns in einer Vierzimmerwohnung. Die Großeltern meiner Bekannten führten noch ein Geschäft, deren Eltern, also die Urgroßeltern, waren im Altersheim. Meine Großeltern mütterlicherseits bezogen schon Rente und waren «in Pension», waren aber finanziell auf meine Eltern angewiesen. Die Großeltern der Bekannten hatten Liegenschaften und Kapital. Meine Großeltern waren richtige Großeltern, uralt, aus dem letzten Jahrhundert, mit Gebiss, runzliger Haut, leicht zitternd, das Taschentuch war das Fazeneetli. Großvater trug Ärmelschoner beim Essen. Die Großeltern der Bekannten fuhren Ski, wanderten und hatten ein Auto, reisten nach Amerika. Auf dem Bauernhof, wo ich als Kind Ferien verbrachte, war die Großmutter bucklig, ging tief gebeugt. Sie sprach kaum etwas, wir verstanden sie fast nicht, sie versorgte die Schweine hinten im Stall mit einer Suppe aus Küchenresten und Kartoffeln, trug die schweren Eimer dorthin. Wir durften im Winter im ungeheizten Zimmer bei ihr im Bett schlafen. Die Großmutter meiner Kinder nahm ihre Enkelkinder auch mit in das große Bett in der Ferienwohnung. Die Großmutter meiner Bekannten nahm die Enkelkinder mit nach Übersee, mit eigenem Hotelzimmer.
Im Film *Harold and Maude* kauft eine alte Frau mit einem Jugendlichen zusammen einen Leichenwagen, sie zelebrieren gemeinsam ein eigenartiges Leben. Eine großmütterliche Figur, nicht so weit zurück, aus der Hippiezeit. Der Alpöhi im Heidi-Film, nicht der

richtige Großvater, aber ein Archetyp dazu. In vielen Filmen sind Großeltern die Retter der Enkel. Sie sind die Oasen, bieten Schutz und Geborgenheit, sind großzügig und verständnisvoll. Oma ist die Queen und regiert; ein schönes Bild, aber aus alten Zeiten.
Vor einiger Zeit konnte ich ein paarmal eine Großmutter, an einer Krücke gehend wie bei einem Beinbruch, schwer im Schritt und langsam, mit ihrer ungefähr sechs Jahre alten Enkelin beobachten, wie sie zusammen in einem schattigen Spielplatz mitten in der Stadt ohne ein einziges anderes Kind Ping-Pong spielten. Die Oma, den Stock an die Seite des steinernen Tischtennistisches gelehnt, sich selber mit dem Bauch an der Tischvorderseite stützend, eine Hand darauf ruhend, in der anderen Hand den Schläger. Die Enkelin spielt der Oma den Ball möglichst nah an den Schläger. Zwei von vier Zuspielen kann die Oma retournieren, und von diesen Retouren das Kind kaum die Hälfte. Sie haben nur einen Ball. Das Kind rennt gestikulierend und kommentierend die Bälle holen. In zehn Minuten fliegt das Bällchen höchstens drei Mal hin und her. Aber die beiden sind in bester Laune. Und ich dachte mir, dass dies wohl nunmehr selten ist. Notwendig und nützlich ist diese Oma. Und vermutlich eingebettet in ein traditionelles Familiengefühl.

Das Jetzt

Der Generationenvertrag

Der einstige Generationenvertrag, wir schauen zueinander, müssen zueinander schauen und füreinander sorgen, ist aufgeweicht. Die Notwendigkeit der gegenseitigen Sorge ist weitestgehend außerhalb der Familienbande institutionalisiert.
Man ist unter den Generationen finanziell nahezu gänzlich unabhängig. Die meisten Großeltern verfügen über eine Altersrente, je nach Land, zumindest in Mitteleuropa, in den Industrieländern. Und wenn es nicht reicht, gibt es staatliche Unterstützung für ein Minimaleinkommen. Man muss nicht mehr dafür sorgen, dass die Großeltern nicht hungern, frieren, ohne Gebiss und mangelnde medizinische Grundversorgung leben müssen.
Die Altersversorgung ist weitreichend institutionalisiert. Es gibt genügend Alters- und Pflegeheime, die Spitex ist ausgebaut, Fahr- und Essensdienste sind bestellbar. Die Jungen mit ihren Kindern

müssen nicht schauen, dass ihre betagten nahen Verwandten nicht von wichtigen Grundversorgungen ausgegrenzt bleiben.
Diesen Abschnitt schreibe ich nicht gern, er nimmt Hoffnung, er weist aber auf eine Realität hin. Sind Großeltern nicht mehr fit und können ihren Alltag kaum mehr selbst bewältigen und reicht die Spitex-Pflege nicht mehr, ziehen die meisten Omas und Opas in Altersheime. Die junge Generation hat keine Zeit oder Kapazität, ständig nach ihnen zu schauen. Im Heim ist für fast alles gesorgt. So können Kinder kaum erleben, wie sich ihre Eltern um die Oma oder Opa fürsorglich kümmern, Wäsche zusammenlegen und im Schrank versorgen, etwas aufräumen oder suchen, Essen zubereiten und es allenfalls eingeben, eine Wunde pflegen. Oder als Kind selbst etwas für sie tun. Und wenn diese Heime noch so gut geführt sind, es besteht kaum die Möglichkeit, dass eine Stimmung aufkommt, in der sich Großeltern und Enkelkinder lustig und spielerisch begegnen. Einen Trickfilm anschauen, ein Eile-mit-Weile spielen und dabei schummeln oder dem Opa Blödsinn erzählen. Es gibt Einzelzimmer, aber die sind eher eng, in den Gruppenräumen sitzen meist andere Betagte, viele davon eher stumm, schauen wenig ermutigt drein, und in der Cafeteria muss man sich benehmen, wie man sich in einem öffentlichen Lokal benehmen muss, anständig und gesittet. Jüngere Kinder können sich an solche Atmosphären kaum gewöhnen, so dass sehr oft bald nur noch ihre Eltern Oma und Opa besuchen.
Teilweise entfallen ist die Abhängigkeit der Eltern von ihren Eltern, die Kinder zu hüten, während sie selber ihren Verpflichtungen nachgehen. Tagesmütter, Kita und Schulhorte sind – je nach finanziellen Möglichkeiten – verfügbar.
Früher stellte sich die Frage zwischen Eltern und Kindern kaum, ob man dann später einmal miteinander auskommt, zueinander passt, falls der Sohn den Betrieb übernimmt und man zusammen wohnt und lebt. Oder man dann den Jungen hilft, mit ihren Kindern durchzukommen, vielleicht bei ihnen lebt und teils Haushalt und Kinderhüten übernimmt. Es war im Generationenvertrag eingeschlossen, dass man sich dann unterstützt, sich arrangiert. Inklusive Schwiegertochter oder Schwiegersohn. Man ist mehr oder weniger so wie man ist, man wird dann schauen, dass man miteinander zurechtkommt. Der Generationenvertrag ist jetzt schwach,

somit ist die Frage der Beziehung, wie sympathisch man sich ist, wichtig. Großeltern, die viel Zeit mit ihren Enkelkindern verbringen wollen, müssen gewissen Qualitätsansprüchen entsprechen und die Beziehung zu ihren Kindern einigermaßen gut pflegen können. Die Freiheit, sich im Alter gehen lassen zu können, schrullig, schmuddelig oder eigensinnig zu werden, ist verloren gegangen. Aktives Großelternsein heißt auch, einigermaßen fit und flott zu bleiben. Ab einem gewissen Alter, in Richtung Ruhestand und der Möglichkeit, Oma oder Opa zu werden, können sich solche Gedanken latent einschleichen. Es kann sich lohnen, darüber nachzudenken.

In einer Auswahl stehen oder in Konkurrenz

Demografisch gesehen ist es heute so, dass auf ein Enkelkind mehr rüstige Großeltern kommen als einst. Es kommen weniger Nachkommen zur Welt, diese werden weniger oft selbst Eltern mit Kindern. Man wohnt verteilter als einst, weiter weg. Von drei Kindern wohnen in der Regel eins oder zwei noch in der Gegend, selten im Quartier, und nicht unbedingt sind diese beiden Eltern geworden.

Und Hütedienste sind vorhanden, Tagesmütter, Kitas und Horte, alle kommunal geprüft und bewilligt. Und mit den oben beschriebenen Wünschen und Anforderungen der Eltern, ihre Kindern optimal zu fördern, seelisch-psychologisch erblühen zu lassen, sie sanft durch die Kindheit gleiten zu lassen, sind an potenziell hütende Großeltern Qualitätsanforderungen gestellt. In den Köpfen der Eltern sind Großeltern nicht mehr selbstverständlich Hütepersonen, bei denen ihre Schützlinge einfach gut aufgehoben sind.

Sie müssen einem gewissen pädagogischen Anspruch entsprechen, ein gewisses Flair für einen guten Umgang mit Kindern haben und eine gewisse Grundeinstellung für heutige Erziehungsprämissen teilen können.
Großeltern erleben sich heute oft in einer Konkurrenz mit den pädagogischen Einrichtungen und andern rüstigen Großeltern. Erleben sich als eingeteilt oder eingestuft über ihre Vorzüge, was sie bieten können, wie geeignet sie in den Augen der Eltern sind. Sie empfinden sich als eine von mehreren Optionen, ihnen werde Enkelkinderzeit nur aus dem Gefühl der familiären Verpflichtung gegeben. Eltern gönnen den Großeltern Zeit mit ihren Kindern. Sie sollen Großelternsein erleben können. Großeltern verspüren oft ein Gefühl, dass sie dafür Dankbarkeit zeigen sollten.
Auch an Weihnachten und bei Geburtstagen müssen Großeltern mit Konkurrenz rechnen. Die Budgets der jungen Familien sind oft eng. Sich als großzügige Großeltern erweisen zu können, ist jedoch nicht so einfach. Gotte und Götti, Tanten und Onkel, allenfalls Stiefgroßeltern oder die andern Großeltern möchten auch etwas Schönes schenken. Geld ist meist genügend vorhanden. Bei solchen Feiern besteht oft die Gefahr, dass die Kinder von Geschenken überhäuft werden. Auspacken und strahlen, auspacken und strahlen. Dass die Schenkenden glückliche frohe Augen der Beschenkten wahrnehmen dürfen, ist nicht garantiert. Und Selbstgebasteltes schenken? Plastik glänzt einfach schöner.
Bei solchen Familienfesten ist oft auch die Zeit, mit den Enkelkindern in einem direkten Kontakt zu stehen, ziemlich eingeschränkt. Zehn Erwachsene auf zwei Kinder sind nicht selten.
Eine häufige Frage von Großeltern: Was macht uns besonders, was hebt uns ab, was macht uns bei den Enkelkindern zu den Großeltern?

Die fitte Generation von Großeltern

Nur noch selten fühlen sich Großeltern großelterlich. Sie stehen am Ende ihrer Karriere oder am Anfang ihrer Rentnerzeit. Als Rentner möchten sie sich nicht unbedingt bezeichnen. Sie sind in Pension. Sie haben sich ein vielfältiges Leben aufgebaut mit vermehrten Reisen, Aktivitäten in Freizeitzirkeln, in der Kultur, sind engagiert. Sehr viele sind noch ziemlich sportlich. Sie sind kurz vor

ihrer dritten Karriere oder befinden sich schon in der neuen Lebensphase. Bevor man in die Altersmühsamkeiten gleitet, will man für sich die Zeit noch nutzen, etwas vom Leben haben. Sehr vielen geht es finanziell recht gut.
Sie wären attraktive Großeltern, welche ihren Enkelkindern viel bieten könnten: einen Ausflug dahin, eine kleine Reise dorthin, Ferien mit den Enkelkindern, je nachdem, was sich ergibt.
In vielen jungen Familien sind beide Eltern berufstätig. Ihre Wochenpläne sind strukturiert. Sie sind eingespannt in Berufs- und Familienzeiten. Das bedeutet oft wenig Spielraum, viel Kontinuität und fordert Zuverlässigkeit. Man muss sich verlassen können, man muss vereinbaren können. Der Zeithorizont geht von Schuljahr zu Schuljahr, sicher über ein Semester. Kita- oder Hortplätze sind nicht spontan nutzbar. Kontinuität in der Gruppe der Kinder ist auch ein Qualitätsmerkmal. Und man sagt, Kinder benötigen Regelmäßigkeit, mal gehen, mal nicht, geht nicht. Wenn die Teilzeit arbeitenden Eltern ihren freien Tag haben, die Väter ihren Vatertag, dann ist das die Zeit, die die Eltern ihren Kindern widmen wollen. Dann wollen sie ihre Kinder genießen können. Somit ergibt sich unter der Woche wenig Spielraum für spontane gute Ideen der Großeltern. Damit bieten sich kaum Wochenenden oder ein paar Tage am Stück an für Unternehmungen mit den Enkelkindern.
So sehen sich viele Großeltern angehalten, konträr zu ihrer verdienten und ersehnten Freiheit, sich zugunsten der Großeltern-Enkelkinder-Beziehung wieder in ein Zeitkorsett zu begeben. Sich einbinden zu lassen. Regelmäßiges Hüten an bestimmten Tagen und keine Ferienabwesenheit außerhalb der Schulferienzeit.
Das Großelternsein im Sinn von mehr als Besuchen und sporadi-

schem Hüten, im Sinn von regelmäßig, wöchentlich oder Schulferienzeiten übernehmend, birgt für die jung gebliebenen Großeltern einen gewissen Zwiespalt. Dies nimmt ihnen Freiheiten. Nicht vielen jungen Großeltern fällt es leicht, nun wo man frei wäre, sich wieder in Regelmäßigkeiten einbinden zu lassen.
Und Eltern wünschen, vermutlich etwas mehr als nur wünschen, dass die Großeltern ihre Enkel gerne hüten, wirklich gerne. Und es ernst nehmen. Nicht einfach, wenn es ihnen passt, Spaß macht. Die Enkelkinder nicht als Leerzeitenfüller oder nur zum Genießen sehen. Und auch nicht, dass die Enkelkinder zu oft als sympathisch zu hütende Nebensächlichkeit da- und dorthin mitgenommen werden, beinahe wie Vorzeigeobjekte, kleine Trophäen. Es soll um die Enkelkinder gehen.
In dem Sinn müssen es sich Großeltern gut überlegen, ob sie ihren Kindern ein zuverlässiges Angebot machen, welches über einen längeren Zeitraum Gültigkeit hat. Wird ihre eingeschränkte Freiheit zur Bürde, meldet sich das vermutete Verpasste immer wieder, macht es sich atmosphärisch bemerkbar. Kinder hüten ist oft nicht so toll, wie man es sich ausmalt. Eine ideell gute Güterabwägung ist gefragt, wie viel Unterstützung für die Eltern, wie viel Profit oder Freude für sich selbst, wie viel zugunsten einer guten Großeltern-Enkelkinder-Beziehung.

Lückenbüßer oder pässlich sein

Nicht jede Ehe oder Partnerschaft verläuft glücklich. Es kommt zu vielen Trennungen mit finanziellem Mehraufwand, der Notwendigkeit zu mehr Erwerbseinkommen. Nicht jede Mutter oder jeder Vater ist immer fit und gesund. Nicht immer reicht die Energie, reichen die Nerven, Familie und Erwerbsarbeit unter einen Hut zu bringen. Viele Eltern sind gewohnt, ihre Bedürfnisse und Wünsche verwirklichen zu können, berufliche wie individuelle. Eine Weiterbildung steht an, ein Kurs muss sein, eine Reise unbedingt auch oder eine Auszeit.
Ein Tag in der Woche, mal über drei Wochen oder zwei, drei Monate, bis es wieder gerichtet ist, ergibt, wenn nicht regelmäßiges Hüten vereinbart ist, Gelegenheiten, Großelternsein zu leben, praktizieren zu können. Temporär. Aus der Warte der Großeltern kann man es als Lückenbüßer oder pässlich sein empfinden. Aus

Sicht des Familienverbundes ist es ein Notnagel, Krisenhilfe, Rettung in der Not oder sind es Engel, auf die man zählen kann.
Es gibt viele gute Erinnerungen auf Seiten von Enkelkindern aus Zeiten, in denen ihre Großeltern eingesprungen sind und ihnen Ruhe und Sicherheit vermittelten, für sie verlässlich waren. Wenn Eltern erkrankt sind, sich getrennt haben, Ungewissheit herrscht, kann das Familiäre, dieses Sich-verwandt-Fühlen und sich nahestehen vorübergehend verlorene Geborgenheit auffangen.

Rechtlich gesehen

Nur im Erbrecht ist man als Großeltern klar familiär verbunden. Rechtlich ist nirgends festgehalten, dass Großeltern, Tanten oder Onkel im Fall einer Unmöglichkeit der Eltern die Obhut eines Kindes zu gewährleisten hätten, ihnen an erster Stelle diese Aufgabe zu übertragen sei. Übernehmen Großeltern die Erziehungsverantwortung und geben den Enkelkindern ein Zuhause, weil die Eltern nicht mehr leben oder als solche nicht mehr funktionieren können, braucht es einen von der Gemeindebehörde bewilligten Kinderpflegeplatz. In der Praxis wird es mehrheitlich so eingerichtet: Wo es möglich und sinnvoll ist, können Kinder bei den Großeltern ein weiteres Zuhause bekommen.
Und genau genommen müssten Großeltern, die regelmäßig und in einer gewissen, aber nicht definierten Zeitmenge ihre Enkelkinder hüten, also quasi den Status «Tageseltern» haben, dafür eine Bewilligung haben. Von der Gemeinde geprüft und bewilligt. Pragmatischerweise wird dies aber kaum praktiziert.
Bei Trennung und Scheidung steht es aber für die Großeltern-Enkelkinder-Beziehung rechtlich weniger gut. Es gibt kaum Gerichtsurteile, die den Enkelkindern und Großeltern bei Trennung oder Scheidung Zeiten für ihre Begegnungen zusprechen. Dass ein Gericht ihnen ein gegenseitiges Recht auf gemeinsame Zeiten zuspricht, setzt einen sehr intensiven und engen Betreuungsrahmen vor der Trennung voraus. (Im später folgenden Kapitel *Großeltern sein* beschreibe ich eine Möglichkeit, wie man sich zugunsten der Enkelkinder einsetzen kann.)

Das Zwischenmenschliche (die Störfaktoren)

Ob regelmäßig die Enkelkinder hütend, ob öfter zu Besuch oder gemeinsame Ferien, das Gelingen des Großelternseins leidet oft an zwischenmenschlichen Konstellationen. Großeltern – Eltern – Enkelkinder – Eltern – Großeltern. Und sehr oft vermindern diese Störungen die Zeit, in der sich Enkelkinder und Großeltern begegnen. Familie hat mehr Empfindlichkeit als andere Beziehungen. Familiäres kennt oft kleine feine Nuancen mit großen Nebenwirkungen. Kaum Spürbares, auch ganz gut Gemeintes, ist rasch im falschen Hals.

In die Dreigenerationen-Konstellation schleichen sich vier familiendynamische Elemente ein: Entwicklung, Opposition, Erbfolgliches und Lebensskript.

Mit Entwicklung meine ich das Phänomen, dass vermutlich tief in uns Menschen aus der Evolution ein Verhalten mitschwingt, welches eine Weiterentwicklung als Lebewesen fordert und fördert. Forderungen der Evolution, besser, gesünder, gescheiter und stärker zu sein, verleiten den Menschen, sich in nicht dasselbe zu verlieben wie in das schon Vorhandene. Die Gene sollen gemischt und erweitert werden. Viele verlieben sich in ein ergänzendes, oft recht gegensätzliches Wesen als in der Familie existierend. Viele verlieben sich in einen für die bisherige Sippe ungewohnten Charakter. Der Schwiegersohn oder die Schwiegertochter erscheint oft befremdlich.

In den Ablösungsprozessen zwischen zwei Generationen findet sich sehr oft ein gegenteiliges Verhalten, ein Opponieren gegen das Gehabte und Gewohnte. Etwas muss neu und anders sein. Auch wenn bewährt, die nächste Generation muss und will es anders haben. Der Schwiegersohn oder die Schwiegertochter erscheint oft in diesem Prinzip des Oppositionellen. Dass die Nachkommen in solch anderer Art leben, können Großeltern oft nicht recht begreifen.

Jeder Mensch nimmt in seinem Wesen auch Vergangenes mit. Wie die Gene das äußere Aussehen prägen, prägen sie auch das We-

sen, den Charakter, die Persönlichkeitsstrukturen. Eher positive oder negative, für die Lebensbewältigung günstige oder eben ungünstige Wesensarten. Günstige gefallen, ungünstige befremden und können Angst hervorrufen, «nicht noch einmal». Die älteren Generationen wissen um die «Gefahren» aus ihrer Sippe und hegen oft eine latente Skepsis gegenüber ihren Nachkommen.
Und jeder Mensch entwickelt sein Lebensskript, seinen Drang, seine Ambitionen, dies oder das in seinem Leben zu erreichen, zu verwirklichen. Familientraditionelles kann da im Weg stehen, der Individualität eine störende Note geben.

Auf Großelternseite

Verpasstes nachholen

In der eigenen Geschichte von Großeltern mit den eigenen Kindern ist oft nicht alles gelungen, wie man es sich ausgemalt hat. Die Gründe finden sich in Schicksalsschlägen um Gesundheit, eingreifenden Veränderungen in den ökonomischen Verhältnissen, der Arbeitswelt, aber auch der Konstellation einer Ehe oder Partnerschaft. Die eigene Elternschaft war mit viel Stress und Unsicherheit, Zwängen und somit einem oft holprigen Umgang mit den Kindern verbunden. Enkelkinder würden jetzt die Gelegenheit bieten, Verpasstes nachzuholen. Ein Kind genießen zu können, ruhig erleben, wie es groß wird und sich entwickelt. Und sich selbst als gute Bezugsperson zu einem Kind erleben zu können, ruhig, tolerant und gelassen. Jetzt wäre es möglich, als Oma oder Opa einem Enkelkind eine Lebenseinstellung vorleben zu können, so wie es unter normalen Umständen gewesen wäre. Sich einem Kind von der guten Seite her zeigen können.
Die Gefahr besteht, dass solches den Eltern verdächtig vorkommt. Einerseits kann es Gedanken geben wie: «Mir gaben sie es nicht, fanden es nicht für nötig, und nun wollen sie ihr schlechtes Gewissen an meinem Kind beruhigen!» Oder es kann Eltern so vorkommen, dass ihre Eltern nun einen Wesenszug überspielen wollen. So wie sie sie erlebt haben, sind sie wirklich. Sie können ihnen den Wandel nicht recht glauben.

Finanziell großzügig sein

Es gibt Großeltern, die finanziell großzügig sein möchten, mit schönen und tollen Geschenken, mit kostspieligen Ausflügen und Unternehmen, weil das Geld damals bei den eigenen Kindern kaum reichte. Und sie schenken großzügig, sind spendabel und wollen dafür nicht einmal ein großes Dankeschön. Ist es echt? Oder wollen sie sich in Szene setzen?

Mit solcher Großzügigkeit funkt man eventuell den Eltern in ihr Konzept, mit Geld und Geschenken zurückhaltend zu sein. Vielleicht, weil sie den eigenen Kindern schon früh beibringen wollen, dass Geld nicht alles ist. Oder man kratzt an deren eigener Wertschätzung, dass sie zu wenig verdienen. Oder wenn sie Teilzeit arbeiten und sich für ein bescheideneres Leben entschieden haben, könnten sie es als indirekte Kritik auffassen, zu wenig für die Kinder zu tun. Oder die Eltern fühlen sich leicht angegriffen, sie seien gegenüber den Kindern zu geizig. Geld ist nicht nur Geld, es hat seine emotionale Seite.

Wenn es um Geld geht, ist es ratsam, sich als Großeltern mit den Eltern abzusprechen, wie teuer und wie oft Geschenke für sie okay sind. Jungen Familien fehlt es oft an Geld, so kann es auch ratsam sein, dass die Großeltern indirekt für die Enkelkinder großzügig sind, indem sie den Eltern einen Zustupf geben. Oder dass man gemeinsam Geschenke macht.

Eine Passion nicht weitergegeben

Es gibt in manchen Familien Menschen mit besonderen Talenten und Passionen, die das Potenzial haben, in einem bestimmten Beruf oder einer Kunstrichtung außerordentlich erfolgreich zu sein.

Es gibt Familiengeschichten, in denen die mittlere Generation mit den Großeltern einig ist, dass dieses oder jenes Talent bei ihnen selbst nicht zum Zuge kam, nicht gelebt werden konnte, und es nun schön findet und schätzt, dass ihre Kinder oder eines ihrer Kinder dies durch die Förderung der Großeltern leben kann. Musizieren, Basteleien, Sport, backen oder Hunde lieben und dressieren. Die Eltern haben dieses Talent nicht, kein Flair dazu, oder das Geld und die Zeit reichen nicht.
Heikler wird es, wenn schon die Eltern mit ihren Eltern erlebten, dass dieses Tolle, Schöne oder Wunderbare für sie selbst einfach nicht toll, schön oder wunderbar war. Sie mit ihren Eltern diesbezüglich einen gewissen Zwang erlebten, es ätzend in Erinnerung haben, diese Passion zu teilen, miterleben zu müssen. Will der Opa seine Begeisterung für Hundezucht auf den Enkel übertragen, während der Sohn schon immer das Gefühl hatte, die Hunde seien seinem Vater wichtiger gewesen als er, muss man mit Widerstand rechnen. Will die Oma aus ihren Enkelkindern Wasserratten machen, was ihr schon bei ihrer Tochter nicht gelungen ist, stößt sie auf Ablehnung. War es damals die Angst der Tochter vor kaltem und tiefem Wasser, wird diese ihre Kinder der Gefahr nicht aussetzen wollen. Und war es mit Scham verbunden, nicht genügend mutig zu sein, wird man als Eltern verhindern wollen, dass die eigenen Kinder dieses Gefühl auch erleben müssen. Auch wenn man als Opa oder Oma spürt, dass dieses Enkelkind das Talent dazu hätte und es ihm bestimmt gefallen würde, der Widerstand der Eltern hemmt es, sein Talent frei ausleben zu können.
Man muss vermutlich abwarten, bis dieses Enkelkind im Jugendalter ist und es dann viel freier und selbstbestimmter seine Neigungen leben kann.

Einen großen Wunsch nicht mitgegeben oder nicht erfüllt

Empfinden Großeltern und Eltern, dass ein Ingenieur, eine Ärztin oder sonst eine besondere Person ihren Familien hätte entspringen können, es aber irgendwie nicht ging, ist die Förderung der Enkelkinder zu solchem willkommen. Heikel wird es aber, wenn schon damals das große Ziel für Sohn oder Tochter nicht deren eigenes erstrebenswertes Ziel war, sie sich in einen Wunsch ihrer Eltern hineingedrängt fühlten.

Bei solchen Wünschen für die Enkelkinder spielen öfter bei den Eltern Verdächtigungen bezüglich Prestige und das Gefühl, nicht gut genug gewesen zu sein, mit. Solche Motive könnten schon bei den Großeltern da gewesen sein. Beispielsweise könnte der Großvater immer noch eifersüchtig auf seinen älteren Bruder sein, der als einziger studieren durfte. Hätte Großvaters Sohn studieren können, hätte dieser für seinen Vater etwas gutgemacht. Hat er nicht, so geht der Wunsch an den Enkel über, und dieser müsste nun studieren. Oder die alten Geschichten um Militär und Offizierslaufbahn. Heikler ist es, wenn der Vater den großen Wunsch seines Vaters eigentlich hätte erfüllen wollen, dazu aber nicht fähig war. Unterschwellige Gedanken von zu faul, zu dumm, wegen dieser Tussi; da kann vieles mitschweben. Kann sich der Vater dies eingestehen, ist es einfacher, als wenn er immer noch daran nagt. Oder die Schwiegertochter davon weiß und es als unfair empfindet.
Es gibt auch Familienkonstellationen, in denen die Weitergabe eines Familienbetriebes eine große Rolle spielt. Ein Unternehmen, dessen Aufbau oder Erhalt viel Einsatz forderte, unter Verzicht auf vieles, mit Entbehrungen und unter Aufopferung, soll in den Händen der Familie bleiben. Das habe man nicht nur für sich selbst gemacht, nein, man habe auch an die Nachkommen gedacht. Das Werk muss weiterleben, im Besitz der Familie bleiben. Und wenn nicht mit Sohn oder Tochter, dann sicher mit der dritten Generation. Auch hier ist mit Widerstand der Eltern zu rechnen. Sie wollen vermeiden, dass ihre Kinder Ähnliches erleben, steten Druck und das Gefühl, immer zu etwas gedrängt zu werden, die Zukunft nicht offen vorgegeben. Bei Fragen um die Übernahme eines Familienbetriebes können aber auch veränderte Erwartungen der eigenen Kinder an die heutigen Lebensumstände mitwirken. Ein eigener Betrieb bedeutet oft fast nur sonntags frei, kaum Ferien und wenig Zeit für die eigene Familie. Viele Kinder von Geschäftsleuten hatten wenig von den eigenen Eltern und erlebten ein Familienmodell mit Geschäfts-Hausfrau und Geschäftsmann-Vater. Solches wünschen sich Eltern für ihre Kinder kaum mehr.
Auch hier: Man muss vermutlich abwarten, bis dieses Enkelkind im Jugendalter ist und es dann viel freier und selbstbestimmter seine Neigungen leben kann.

Ein Lebensgefühl nicht leben gekonnt

So manche Familie lebte in ihrer Anfangszeit finanziell bescheiden. Viele mussten als junge Eltern «hart» durch, arbeiteten viel, arbeiteten neben der Familie noch an der Karriere. Das Mutter- oder Vatersein kam zu kurz. Zeit fehlte. Erst als die Kinder ausgeflogen waren, hatte man wieder Zeit und Muße, wurde man vermögender, konnte man sich etwas leisten. Jetzt, als Großeltern, möchte man nachholen. Kinder erleben, teilnehmen, wie sie größer und größer werden, gescheiter und schlauer, sie sind ja auch Teil von einem selbst. Gemütlich und großzügig leben und die eigenen Großkinder dabeihaben, es mit ihnen teilen können. Wofür hat man denn gearbeitet, wozu war diese Mühsal? Um diese Lebensgefühle nun mit Großkindern leben zu können, braucht es Zeit, Tage während der Woche, ganze Wochenenden oder Ferien. Großeltern hätten jetzt die Zeit dafür, teilweise mehr als genug. Und den Eltern könnte Zeit für ihre Kinder fehlen, weil sie eingespannt und engagiert sind. Eigentlich ideal.

Die allermeisten Eltern wollen über ihre knappe freie Zeit ohne externe Verpflichtungen verfügen, diese möglichst frei einteilen können. Während ihrer kurzen Familien-Zeitfenster, am Abend, dem arbeitsfreien Familien-Halbtag oder freien Samstag wollen Eltern mit ihren Kindern zusammen sein, nicht unbedingt noch andere, sprich Großeltern, dabeihaben. Und sind die Kinder etwas älter, kennen auch diese schon ihr Programm. Da kann Konkurrenz zwischen Eltern und Großeltern entstehen, Zeit mit den Kindern beziehungsweise Enkelkindern verbringen zu wollen. Selten können Großeltern mit einem großen Zeitbudget so viel Zeit mit den Enkelkindern verbringen, wie sie es sich wünschten.

Allenfalls wäre es eine Lösung, ganz nah oder gar zusammen zu wohnen. Aber heute, in einer Zeit, wo man sehr individualisiert lebt, auch familiär?

Es gibt auch Großeltern, die endlich für die jüngsten Verwandten ganz da sein wollen. Sie verwöhnen die Enkelkinder, nicht bös gemeint, nein, einfach für das gute Lebensgefühl. Ein Eis da, Hamburger im McDonald's dort, im SUV oder Sportwagen rumkutschieren, in der Boutique tolle Kleider kaufen oder im Jet nach Mallorca fliegen. Die Art, wie man Zeit verbringt, prägt, beeinflusst den Charakter, hinterlässt Spuren. Da funkt vermutlich etwas ins

Erziehungskonzept hinein, dessen sich die meisten Eltern bewusst sind. Das *Toupet*: Ein Großvater wollte mit seinem Enkel von neun Jahren auf die Jagd gehen. Großelterliche Leichtigkeit gegenüber elterlicher erzieherischer Ernsthaftigkeit.

Die eigenen Fehler sollen sich nicht wiederholen

Im Nachhinein ist man schlauer. Hätte man doch nicht! Trennung, zu früh oder zu spät Eltern geworden, sich in die Falsche oder den Falschen verliebt. Sich verspekuliert, die Selbstständigkeit endete im Bankrott. Einen Familienbetrieb übernommen, ein eigenes Gewerbe aufgebaut, dem sich das Familienleben unterordnen musste. Das Eigenheim war zu teuer, dauernd knappe Finanzen. Einer Manie zu sehr nachgegeben oder in einer Suchttendenz die Vernunft nicht gefunden. Psychischen Problemen zu wenig Beachtung geschenkt. Der Partnerin oder dem Partner sein eigenes Wunschbild zu sehr aufgedrängt. Es gibt viele Geschichten, die dazu führten, dass die eigenen Kinder in einem gehetzten, missmutigen, ängstlichen oder sonst irgendwie gestörten Familienklima aufwachsen mussten. Im Nachhinein kann man orten, wann und wo man sich vernünftiger oder bescheidener hätte verhalten oder anders handeln sollen.

Man weiß von eigenen Fehlern, den Tendenzen zu Eitelkeit, Suchtgefahr, psychisch schwierigen Neigungen und sieht diese in seinen Nachkommen. Und weiß, wohin sie führen könnten. Ähnlichkeiten zu Unzulänglichkeiten im Charakter oder Wesen im Familienkreis erinnern an Ungutes. Ängste kommen wieder hoch. Man sieht es kommen und möchte warnen, umlenken, verhindern.

Gerne würde man als Großeltern den Nachkommen das eigene Los ersparen, wünscht es ihnen nicht. Das Gefühl, wie die eigene Familie hätte sein können, ja müssen, konnte nicht gelebt werden. Eine gewisse Trauer, etwas wie ein Schuldgefühl gegenüber den eigenen Kindern, sitzt im Herzen oder schwingt im Hinterkopf. Erleben können, dass es die Enkelkinder besser haben, würde mit dem eigenen Leben versöhnen, würde erleichtern. Man möchte einwirken können.

Verknorzte Geschichten aber bleiben sehr oft verknorzt. Manche Großeltern versuchen mit Taktik, mit versteckten Versuchen von Beeinflussung, Veränderungen zu bewirken. Andere verdichten ihre Geschichte im Alter zusehends einseitig, und ihre Rettungsversuche für die Nachkommen enden in den alten Mustern. Doch die Jungen wollen von den Alten nicht gewarnt sein, sie wollen und müssen vieles selbst ausprobieren. Wollen Großeltern auf ihre Kinder bei Wesenszügen, die familiär gesehen nicht unproblematisch sind, mit zu viel Druck oder unterschwellig Einfluss ausüben, kann dies erneut wie in der Pubertät wirken: Die Jungen widersetzen sich, erlauben kein Dreinreden und beharren auf dem, was so offensichtlich falsch ist. Misstrauen kann Abstand erzeugen oder eine ungute Atmosphäre bewirken, die auch das Zusammensein von Großeltern und Enkelkindern beeinflusst.

Was unter den Teppich gewischt wurde, wirkt. Alle ahnen etwas Verborgenes. Was unter dem Teppich liegt, ist doch schon allen bekannt. Über Schwieriges reden ist einfacher, wenn es schon zuvor angesprochen wurde. Wenn die Familiengeschichte mit den eigenen Kindern transparent, relativ offen bezüglich eigenem Tun, verbunden mit blinden Flecken, möglichen Unterlassungen und allfälliger Schuld schon auf dem Tisch liegt, können familiäre Tendenzen zusammen geortet und besprochen werden. Ist es noch verstockt, kann es heißen, zuvor sich für etwas zu entschuldigen, wofür man sich noch nicht entschuldigt hat. Als Großeltern müsste man nochmals mit sich selbst ins Gericht. Und bei vielen Trennungsgeschichten müsste man dann doch einmal zugeben, dass nicht vor allem der andere Elternteil der Schuldige ist. Viele werden im Alter sanftmütiger und können von ihrer Schwäche sprechen.

Die Erziehungsansichten der Generationen

Als Großeltern weiß man, in welcher Art man mit den eigenen Kindern erfolgreich war, zumal diese nun selbst Eltern geworden sind. Lebenstaugliche Kinder bestätigen, dass man es gut gemacht hat. Die eigene Art von Erziehung hat sich bewährt. Man wüsste es, man möchte es weitergeben. Denn man weiß auch, einfach war es nicht immer. Schwierigkeiten hat man überwunden, und gewisse Haltungsänderungen und Verbesserungen waren sehr nützlich. Und nun erziehen die Jungen anders. Oder zumindest die Schwiegertochter oder der Schwiegersohn. Nicht komplett anders, aber doch in gewissen wichtigen Punkten gegenteilig. Den Jungen zuschauen, wie sie es falsch machen, sich täuschen, möchte man verhindern, den Enkelkindern soll es gut gehen.

Die Art der Erziehung einer Generation ist immer die gewachsene Veränderung aus der selbst erlebten Kinderstube und dem aktuellen Zeitgefühl. Sie ist Fortschritt und Verfeinerung. Körperliche Strafen, Patriarchat und strenge Sitten weichten weitgehend schon die Generation der Urgroßeltern auf. Sensibler, mitbestimmender und individueller erzogen worden ist schon der größte Teil der heutigen Großeltern. Aber den heutigen Großeltern scheint die aktuelle Erziehungsart vermutlich etwas allzu sensibel, kinderselbstbestimmend und überindividuell. Außer sie lebten in den Siebziger- und Achtzigerjahren eine antiautoritäre Erziehung und empfinden die heutigen Erziehungsprämissen vieler Eltern als zu führend und begleitend. So oder so, Großeltern können mehr oder weniger einfach nur zuschauen, wie ihre Enkelkinder erzogen werden.

Spannungen um Erziehungsansichten evozieren rasch alte, feine, gar unterschwellige Konflikte zwischen den damaligen und aktuellen Erziehenden. Nie richtig verstanden, nie richtig geliebt, immer die andern Geschwister bevorzugt, an mir gespart oder abgespiesen mit Geld, können die Klagen der Jungen lauten. Oder der Konflikt legt sich auf die Schwiegertochter- oder Schwiegersohnebene, wenig Vertrauen in diese Seite.

Hier ist zu beachten, dass Großeltern ihre Enkelkinder nur aus ihrem Zusammensein kennen. Dass sie die «wahren» Enkelkinder eigentlich nicht kennen, weil sie kaum einmal an ihrem Alltag teil-

nehmen. Erlebt man als Großeltern die Enkelkinder allein, sind sie in der Regel ziemlich anders als zu Hause. Kurz vor oder nach dem Wechsel von Eltern zu den Großeltern sind die Enkelkinder oft noch im «Sendebereich» der Eltern, die Wogen des Alltags schwingen noch mit. Und ist man mit den Enkelkindern allein, erlebt man sie angepasst an die Situation. Bestehen Unstimmigkeiten zwischen Eltern und Großeltern, muss man damit rechnen, dass diese bei den Großeltern auch mitschwingen, außer die Kinder sind noch sehr klein. Man weiß also als Großeltern kaum wirklich, wie die Enkelkinder erzogen sind. Eltern verhalten sich im Beisein von Großeltern sicher auch anders als im Alltag. Lebt man nicht sehr nah bei dieser Familie, kann man als Großeltern die Erziehung der Enkelkinder kaum richtig beurteilen. Es gilt quasi die Kunst für Großeltern, die jüngere Generation gewähren zu lassen und sich auf die Enkelkinder zu verlassen, dass sie sich nicht «verziehen» lassen. Wie oben beschrieben, entwickeln sich Kinder mehrheitlich von sich selbst, autopoietisch, zum Guten. Schon über Generationen hinweg. Im großen Bogen der Erziehungsfragen müssen Großeltern vermutlich ertragen, dass sie wegen ihrer familiären Stellung wenig mitreden können.
Die Chance von Großeltern besteht eher darin, dass sie in einzelnen Szenerien und Situationen mit Kindern anders umgehen, als es die Eltern tun würden. Es darf nicht allzu different sein. Einfach anders machen, und dies nicht als andere Methode oder Haltung verkaufen wollen. Erleben Kinder in gewissen Situationen Unterschiedliches zu ihren Eltern, können sie das für sich mitnehmen.

Sturheit und Eigensinnigkeit im Alter

Das muss erwähnt werden, darf in einem solchen Buch nicht ausgelassen werden. Man wird älter. Weiser? Sicher auch. Gelassener, weil schon viel erlebt und nicht alles neu? Doch vielen Großeltern passiert es, dass sie prinzipieller und konsequenter fühlen und denken. Der Abstand zu einer Epoche kann vieles einfacher und klarer erscheinen lassen. Klarer, sicherer und weiser ist etwas Schönes, der Lohn der Zeit für viel Geleistetes, das Ergebnis der gemachten Erfahrungen. Doch geht eine gewisse Prise Gelassenheit verloren, wird es eigensinnig, zu selbstsicher, kommt oft das

Selbstkritische zu kurz. Oft akzentuieren sich Wesenszüge. Es kann in Sturheit übergehen. Oder man kann zunehmend vergesslich werden. Was nimmt man noch an? Von wem lässt man sich noch etwas sagen? Solches sich einzugestehen, ist nicht einfach. Es macht Angst, kann beschämend sein. In der Luft liegt die Frage, wohin das noch führt. Man weiß von Demenz.
Sie macht sich spürbar, in der eigenen Ehe oder wenn man mit den Seinen zusammen ist. Ist man als Großeltern aktiv und hütet man Großkinder, kann dies Befürchtungen auslösen, diesbezüglich etwas zu verlieren. Ein Lebensinhalt könnte bedroht sein.
Sehr oft verlaufen solche Entwicklungen mit den eigenen Kindern zuerst in Richtung Verhärtung. Die Jüngeren wollen keine solchen Eltern, oft auch, weil sich genau die Eigenheiten verdichten, die schon in ihrer Kindheit zu Konflikten führten. Großeltern, die sich sehr viel Mühe geben, es zu kaschieren, verlieren zunehmend das Vertrauen ihrer Kinder und erleben womöglich, was sie befürchteten, sie werden immer mehr ausgelassen.
Sich anvertrauen und zugeben, dass man schwächer geworden ist, wäre sinnvoll. Kleine, kontinuierliche Reduktionen, die dem Abnehmen des Rüstigseins entsprechen, mit einberechnen, ist vielversprechender, als zu kaschieren versuchen, was sich nicht verstecken lässt.

Auf Elternseite

Sicher anders

Viele Eltern nehmen aus ihrer Kindheit viel Gutes und Wertvolles mit. Aber das eigene Leben muss nun eigenständig sein. Und vieles, das eigentlich ganz okay war, empfindet man im eigenen Erwachsenenleben als überholt, unmodern, als nicht nachahmenswert. Gewisse Werte und Gewohnheiten der eigenen Eltern will, kann man in der eigenen Familie, der Erziehung der eigenen Kinder nicht wiederholen. Es muss anders sein. Großeltern verkörpern das Vergangene, Unmodische, Überholte.
Fast alle können aus ihrer Kindheit Nerviges nennen, und wenn es nur kleine Macken der Eltern waren. Alle nehmen aus ihrer Familie Neurotisches mit sich, etwas, unter dem sie in ihrer Familie als Kind gelitten haben. Außenstehende würden es typisch Meier oder Hu-

ber nennen, Markantes einer Familie. Familienintern war es aber lästig bis ätzend. Eigenen Eltern steht man oft sehr skeptisch gegenüber. Häufig sagt ein Elternteil dem andern: «Ich versteh nicht, wieso du so empfindlich auf deine Mutter, deinen Vater reagierst.» Dies logisch zu beantworten, gelingt kaum. In der Opposition zu den eigenen Eltern muss man es anders machen.

In vielen Familiengeschichten waren die Eltern für ihre Kinder von unterschiedlicher Qualität und werden später von ihnen auch unterschiedlich geschätzt. Das Großelternpaar ist nicht immer gleich gut akzeptiert wie die Großmutter oder der Großvater einzeln. Das kann zu einer Herausforderung des Großelternpaars werden. Sie können sich ausgespielt vorkommen. Alte Konflikte um die Art, wie man mit den Kinder umging, können wieder aufflackern.

War das Verhalten der Eltern, eines Elternteils gegenüber den Kindern, wirklich problematisch, so muss es sein Kind anders machen. Dies besonders, wenn das Schwierige nicht aus dem Schicksal, sondern aus einer Lebensauffassung oder dem Wesen kam. Pedantisch, geizig, egoistisch, intrigant. In den Nachkommen schlummern immer auch Wesenszüge der Vorfahren, die Nachkommen sind sich dieser heiklen Züge oft bewusst, wissen um die Gefahren und reagieren sensibel darauf, wenn es dann um ihre Kinder, die Enkelkinder geht.

Auch wenn Großeltern es schon fast vergessen haben und es ihren Kindern gutgeht, eine gewisse Skepsis ihrer Kinder bezüglich des Verhaltens der Großeltern gegenüber den Enkelkindern bleibt bestehen.

Nun besser, viel besser

Viele nehmen aus ihrer Kindheit viel Gutes und Wertvolles mit. Aber der eigene Garten, die eigene Kinderstube kann kaum richtig eingeschätzt, später kaum richtig geschätzt werden. Das Leben ist Wachstum, Fortschritt, die nächsten sollen, wollen es besser haben. Sehr viele Nachkommen erleben Fortschritt, verdienen mehr, sind besser ausgebildet, können sich mehr leisten. Besser und von besserer Qualität kann aber auch die Erziehung, die Sensibilität gegenüber den Kindern, die Ernährung, die Bildungsförderung sein. Ob dies objektiv besser ist oder nur anders, weiß man nie ge-

nau. Oft spielt bei diesen Aspekten auch der Zeitgeist mit. Aber die neue Generation proklamiert für sich, dass es besser ist.
Großeltern müssen wohl hinnehmen, dass sie bezüglich diesen weichen Faktoren rund um ihre Enkelkinder nie ganz ernstgenommen werden.

Unsicherheiten beim Elternpaar

Jede Partnerschaft hat ihre eigene Dynamik. Heute muss jedes Paar seine eigene Art von Familiärsein, von Erziehung, von Elternpaar selbst finden. Die Rollen von Mutter oder Vater sind nicht mehr aus der Gesellschaft heraus definiert, alle müssen aus einer mehr oder weniger breiten Auswahl in der heute pluralistischen Gesellschaft ihre Rollenauslegung finden. Wie ist es richtig, Mutter zu sein? Die Art der Geburt, die Ernährung, die frühkindliche Förderung, das Umweltbewusstsein im Familienleben, die Art von Familie und Beruf, alles muss gelebt, also bestimmt und somit auch zwischen den Eltern abgestimmt werden. Wie ist es richtig, Vater zu sein? Eltern zu sein? Impfen oder nicht impfen? X Möglichkeiten, x Fragen und wieder x Antworten. Man muss die eigene, möglichst richtige Art und Weise finden. Seinen Stil finden. Stil oder Identität heißt nun als Elternpaar nicht mehr nur, wer ich bin, sondern wer sind wir, wie machen wir es? War schon Jugend- und junge Erwachsenenzeit der heutigen Eltern ein doch nicht ganz einfacher Selbstfindungsprozess, so ist es nun als Paar und Eltern, als Elternpaar, nicht sehr einfach, diese gemeinsame Selbstfindung und Familienselbstdefinition zu durchlaufen. Ich schau für das Geld und das Einkommen, schau du für die Kinder und die Erziehung, ist selten geworden. Viele Paare erleben sich – und sind die einzelnen Elternteile noch so selbstsichere Menschen – als unsicher, als herantastend, suchend. Jede Familie wird eine Art kleine Insel mit einem eigenen Mikroklima, in dem es das Beste für die Kinder finden muss.
Das führt zu einer Tendenz der Abgrenzung gegen außen, zur Abgrenzung gegen verunsichernde Fragen, gegen das Unpässliche. Oder zur Tendenz, sich in einer sich ähnlich fühlenden Community zu bewegen. In Bezug auf Großeltern kann dies bedeuten, dass diese von den Eltern immer etwas auf Distanz gehalten werden. Sie passen nicht in die Community, verstehen das Neue, Ak-

tuelle nicht. Diese Unsicherheit lässt die Großeltern nicht zu nahe hineinblicken und zu vertraulich miteinfühlen. Mögen die Großeltern noch so gut und problemlos sein, sie verunsichern innerhalb der Elternschaft.

Der Elternmix

Kaum ein Elternpaar ist ideal, gleich gut. Viele Paare ergänzen sich, sind sich nicht sehr ähnlich, in ihrem Mix sind sie gut, durchschnittlich. Die aparte Mutter und der so biedere Mann. Der knausrige Vater und die großzügige Mutter. Der eine etwas unnahbar, der andere so offen und warmherzig. Zu Beginn der Beziehung waren sie vielleicht nicht ganz so gegensätzlich, aber im Alltag des Familienlebens, im Umgang mit den Kindern können sie sich polarisieren. Wird die Mama sanfter, zu weich, wird der Vater tougher und konsequenter. Der Vater nimmt zunehmend alles ernster und genauer, die Mutter gibt sich zunehmend legerer und belustigt. Die Mutter wird zunehmend taktgebend, der Vater spontaner.

In ihrer allfällig zunehmenden Gegensätzlichkeit verstärken Eltern oft Züge ihrer persönlichen Neigungen oder Charaktere aus ihrer Herkunftsfamilie. Das kann bedeuten, dass Paare in ihrer Art und Weise zunehmend an ihre Eltern erinnern. Lebensauffassung und familiäre Prinzipien, die sie als junge Erwachsene ablehnten, nun gar nicht mehr so schlecht finden. Oder Züge von ihren Eltern partout vermeiden müssen, weil sie darunter gelitten haben. Mit der Familiengründung gerät fast jedes Paar in eine Gleichgewichtssuche, ein Abstecken um das Wesen der nun eigenen Familie. Darin können die Großeltern verwickelt werden. Schwiegermutters Art wird als mehr von dem, was man nicht will, als feindlich empfunden. Der Schwiegervater als Verbündeter der Partnerin oder des Partners. Oder Oma und Schwiegertochter sind sich einig, wie es sein müsste, doch der Vater der Kinder sträubt sich dagegen, weil diese Art ihn damals als Kind nervte, er deswegen oft mit seiner Mutter stritt. Es gibt verschiedenste Varianten. Es besteht immer wieder die Tendenz, dass Großeltern im immerwährenden Balanceakt der Eltern ungewollt zu Gewichtsfaktoren werden.

Den beiden Eltern helfen kann man kaum. Und will man sich einmischen, besteht die Gefahr, dass sie sich verbünden, um die Helfer draußen zu haben, um sich wieder «streiten» zu können. Und würde man klar für eine Seite Stellung beziehen, würde man vermutlich das Paar schwächen.

Solche Komplikationen bedrohen immer die Zeitspanne, die man mit den Enkelkindern zusammen verbringen kann. Quasi eine deklarierte Neutralität zugunsten der Enkelkinderzeiten ist gefragt.

Nicht wieder das Kind sein

Mängel im eigenen Leben, nun als Mutter oder Vater, ein offensichtlich problematischer Partner, eine finanzielle Klemme, ein nicht einfaches Kind, eine gute Mutter, aber chaotische Hausfrau, eine postnatale Depression, all das gibt es. Das Familienleben leidet, Großeltern könnte man unterstützend gebrauchen.

Man war jahrelang selbst ein Kind, wurde gehegt und gepflegt und konnte sich dann endlich ablösen, eigenständig werden, sich gegenüber den Eltern emanzipieren. Hilfe von den eigenen Eltern annehmen kann bedeuten, sich wieder in die Gefühlslage des «unzulänglichen Kindes» zu begeben. Ich kann nicht alles, bin nicht gut genug, bin auf die Eltern angewiesen, so quasi wieder in der Rolle des Kindes.

Vieles, was man als Eltern lebt, gäbe auch Anlass zu Kritik, und zu viel davon führt zu Schlaufen zur eigenen Kindheit. Schon die eigenen Eltern erlebten solche Tendenzen, sie ergaben Auseinandersetzungspunkte. Schon damals war man wenig kompromissfähig und egoistisch. Schon früh sich in seltsame Freunde verliebt, dann sich getrennt. Schon damals mit Geld liederlich umgegangen. Das nicht einfache Kind, das warst du auch, und du ließest dich auch kaum erziehen. Schon damals wurde dir gesagt, mit deinen komischen Ideen kämst du nicht weit, dazu noch das viele

Haschen, das könne ja nicht gut herauskommen. So könnten die Vorwürfe, die befürchteten Vorwürfe lauten. Niemand war perfekt, alle nehmen aus ihrer Kindheit Unzulänglichkeiten mit.

Hilfe von den eigenen Eltern anzunehmen, kann heißen, sich wieder als Kind zu fühlen und mit den bestehenden Problemen, die man nun ohnehin hat, sich in dieser damaligen Unsicherheit wiederzufinden. So gesehen ist es für Großeltern oft schwierig, zu helfen. Den Eltern direkt können sie kaum beistehen, weil die alten Geschichten mitschwingen. Wollen sie es, lässt man diese tendenziell außen vor. Als Großeltern kann man versuchen, sich von den Problemen der Eltern abzugrenzen und die Hilfe auf die Enkelkinder zu konzentrieren.

Zwei Großelternseiten berücksichtigen (können, müssen)
Eltern stehen oft in der Konstellation mit zwei fitten Großelternseiten (allenfalls nach Trennung mit neuer Beziehung, noch ein, zwei Personen mehr), die sich auf die Enkelkinder freuen und gerne Bezugspersonen zu diesen Kindern werden möchten. Wohnen beide Seiten in der Nähe und sind leicht erreichbar, heißt es einteilen. Einteilen heißt analysieren, beurteilen, bewerten und dann entscheiden. Wenn Eltern nicht einfach mathematisch Gleichheit schaffen wollen, müssen Kriterien benannt und Argumente ausgetauscht werden. Irrationales kann sich einschleichen, unbestimmte Gefühle zur Schwiegerseite oder zur Ablösungsgeschichte. Die Gefahr besteht, dass Unwichtigkeiten und kleine Sensibilitäten in die Waagschale gelegt werden. Ist das Elternpaar als solches nicht cool und ziemlich unbekümmert, kann das am Gleichgewicht der Eltern rütteln.
Es kann zu einem elterlichen Arrangement kommen, damit die Großeltern eine Beziehung zu den Enkelkindern aufbauen können, aber keine Seite in eine bevorzugte Position kommt. Keine Großelternseite soll mehr Vertrautheit oder Nähe zu den Kindern leben können. Nähe und Distanz regeln die Eltern vor allem über mehr oder weniger Zeit. Dies als Großeltern persönlich zu nehmen, ist wenig sinnvoll, es ist besser, es als gegeben hinzunehmen.

Auf Großeltern- und Elternseite (Die Schwieger…konflikte)

Vermutlich ist es einfach ein Phänomen menschlichen Seins im familiären Feld, dass es Konflikte zwischen den verschwägerten Familienmitgliedern gibt. Die Schwiegermutter, der Schwiegersohn, der Schwiegervater, die Schwiegertochter. Dieses so oft schwierige Parkett muss man vermutlich als irgendeinen sinnvollen Grund aus der Evolution hinnehmen. Eine Deutung, sie ist teilweise oben angesprochen, ist die Partnerwahl. Man verliebt sich, und die Gründe dazu sind wohl in der Evolution zu suchen, oft in einer familiär-neuralgischen, allergischen oder oppositionellen Aura. Es scheint, dass Empfindsames und Heikles, familiär Strittiges, dort, wo man litt, sich schämte oder haderte, dort, wo es emotional hoch zu- und herging, im Verliebtsein, in der Erotik zu einer spannenden, reizvollen und anziehenden Note wird. Lachen und Glück sind schön, aber das volle Leben, die tiefe Betroffenheit, dort, wo es ans Lebendige geht, sind das Heikle in der Familie. Worüber man kaum reden konnte, was unter dem Teppich lag, in der Luft hing. Der gewählte Partner, die gefundene Frau, widerspiegelt sehr oft einen dieser heiklen Punkte aus der Kinderfamilienzeit. Und wenn er oder sie perfekt wäre, so wäre irritierend, dass dieses Spannende nicht da ist.

Eigentlich muss man als Großeltern damit rechnen, dass man die Schwiegertochter oder den Schwiegersohn nicht ganz leiden kann, auch wenn man wollte. Und umgekehrt. Und ist man als Großvater sehr begeistert von der Frau des Sohns, als Großmutter sehr von dem Mann der Tochter, birgt das auch schon wieder Grund zu Skepsis.

Es ist eine Kunst beider Generationen, diese Konflikte nicht allzu heiß zu kochen. Es geht ja nicht um sie, es geht um die nächste Generation, die Enkelkinder. Und die würden solches blöd finden und ohnehin nicht verstehen.

(Betreffend sich in die Falsche oder den Falschen verliebt zu haben, möchte ich folgenden Gedanken einflechten: Die Partnerwahl interpretiere ich eher als Schicksal denn als Fehler. Die Magie und Kraft des Sichverliebens und dann dieser Liebe, ist individuelles Schicksal aus dem Leben, der Biologie, die sich aus der Natur zur Arterhaltung durchsetzt und so manchem Menschen keine andere Wahl lässt, als sich in das zu verlieben, in das er sich verliebt. Würde die Liebe nicht blind machen, es gäbe die Menschheit nicht mehr. Diese Kinder mussten geboren werden.)

Auf Enkelkinders Seite

Unsympathien

Sicher ein Unwort, aber ich mag bei Enkelkindern nicht von Antipathien sprechen. Kleine Kinder haben manchmal eine feine Nase, einen empfindlichen Gaumen, eine Empfindlichkeit zu Erscheinungsbildern (zum Beispiel: Großvater zittert und geht an einem Stock) oder Tonlagen. Sie erschrecken schnell, sind leicht irritiert, reagieren leicht unpässlich, sie rümpfen rasch die Nase. Egal, ob Nachbarin, Hauswart, Onkel oder Großmutter, etwas an ihnen stört, irritiert das Kind. Es verweigert den Kuss zur Begrüßung, vermeidet, auf den Schoß zu sitzen.
Trifft man sich als ganze Familie, quasi im Schutz der Eltern, geht es. Das Alleinsein mit den Großkindern kann schwieriger sein. Kinder verkriechen sich, wenn die Großeltern es hüten und mit ihm spielen wollen. Oder sie wollen allenfalls nicht mit ihnen auf den Spielplatz gehen.
Sind die Kinder so gemacht, sprich erzogen? Oder sind sie so, ist es einfach ihr Wesen? Darüber könnten sich die vorherigen Generationen streiten. Es gibt Kinder, die in irgendeiner Form empfindlich sind, die einfach so sind. Begegnet man einem solchen zurückhaltenden Verhalten, kann dies der einfache Grund sein.

Aber nicht aufgeben. Kinder verändern sich. Das oben Erwähnte bezieht sich vor allem auf jüngere Kinder. Und die werden älter, gewisse Eigenheiten legen sich, gewisse Neigungen und Interessen lassen nach, neue entwickeln sich. Kinder werden sachlicher. Was sie gern tun, spielen und erleben möchten, wird immer wichtiger. Wer es mit ihnen teilt, wird unwichtiger, Hauptsache, jemand ermöglicht ihnen, es zu tun. Ein Spiel, das der Rest der Familie doof findet, könnte das Spiel mit Opa oder Oma werden. Oder einfach Tram-, Bus- oder Bahnfahren gehen. Oder Hamburger und Pommes essen, den Freizeitpark besuchen.

Mit Speck fängt man Mäuse. Und manchmal sind Eltern ganz froh, dass sie das, was sie ungern machen, den Großeltern überlassen können. Und es kann sein, dass ein Enkelkind von folkloristisch angehauchten Eltern mit einundzwanzig Jahren dank der Oma das erste Mal in einem Konzertsaal sitzt und sich von einem Stück von Pierre Boulez begeistern lässt. Aus früherer Abneigung kann Zuneigung werden. Großeltern dürfen die Marotte haben, einfach nicht zu schnell aufzugeben. Großeltern können beharrlich sein.

Ungewohnt, noch zu früh

Ab welchem Alter ein Kind von seiner körperlichen und geistigen Entwicklung her zu etwas fähig ist, kann einigermaßen gut beschrieben werden, aber innerhalb des jeweiligen Altersspektrums sehr unterschiedlich sein. Die einen reden früh, plappern schon um den ersten Geburtstag herum, die andern versteht man erst richtig kurz vor dem vierten Geburtstag. Die einen essen schnell mit dem Löffel, die andern noch lange von Hand. Heikler sind die Themen, ob man das Kind Fremden zum Hüten anvertraut oder wo es auswärts schlafen könnte. Alles, was ein Kind erstmals nicht

im Beisein der Eltern oder vertrauten Menschen mitmacht, ist immer der Frage ausgesetzt, wie es darauf reagieren wird.
Anzuerkennen ist, dass die meisten in Kleinfamilien leben, in Zweigenerationenhaushalten, und sich so gewisse Fähigkeiten aus dem Alltag nicht einfach so ergeben. Ich benutzte hier den Ausdruck «Fremde». Sind Großeltern nicht relativ früh in den Alltag, den Wochenrhythmus mit Begegnungen eingeflochten, können Kinder Oma und Opa als fremde Menschen empfinden. Und so, wie sie es gewohnt sind, nicht allein mit Fremden weggehen oder zusammensein wollen.

Sind sich Attraktives gewöhnt

Kaum ein Kind muss mangels Spielsachen in seiner Fantasie Kühe und Schafe aus Holzstecken machen und damit den Hirten spielen. Oder mit Steinen Autokolonnen bilden. Sie besitzen viele Spielsachen und gegenüber früher, perfekte. Für sie findet sich auch immer die fast ideale Ablenkung mittels eines digitalen Mediums, eines Clips oder YouTube. Sie gehen in die Kita, später in den Kindergarten, ins Mutter-Kind-Turnen, waren an diesem oder jenem animierten Kinderanlass. Sie gewöhnen sich an eine gute Qualität von Zeitvertreib, Spiel und Förderung. So ist ihre Welt. Großeltern, die als Kind noch mit Holzklötzchen gespielt haben, tun gut daran, sich von den Kleinen zeigen und beeindrucken zu lassen, was diese mit dem modernen Spielzeug anstellen können. Das kann ja für beide Seiten inspirierend, lustig oder spannend sein.

Fehlendes Gefühl für die Familienbande

Bei kleineren Kindern spielt es noch kaum eine Rolle, aber wenn diese etwas selbstständiger und Jugendliche werden, wird sich bei vielen zeigen: Sie spüren kaum einen eigenen Sinn für die Solidarität der erweiterten Familie, der Familienbande. Die zuvor unter «Der Generationenvertrag» beschriebene Gefühls- und Solidaritätsbeziehung lag in ihrer Kinderstube kaum in der Luft. Diese Gefühle sind nicht mitgewachsen, kein Kummer und keine Sorgen um die Eltern ihrer Eltern. Kaum ein Kind geht noch mit der Mutter einmal wöchentlich zu einer Großmutter, um sich um sie zu kümmern, ihr etwas zu besorgen. Kaum ein Kind muss allein oder abwechselnd mit Geschwistern wöchentlich für die Großeltern einkaufen oder sie besuchen, damit diese nicht einsam sind. Niemand der Familie geht fast täglich zu den Großeltern schauen, ob sie zurechtkommen. Kinder, die ihre Großeltern in ihrer frühen Kindheit nicht sehr nah erlebt haben, kann man diese Verbundenheit nicht anerziehen oder beibringen. Viele Eltern kennen diese Art Verbundenheit zu ihren Großeltern noch, würden ihre Kinder jetzt gerne dazu erziehen, aber die fehlende Notwendigkeit lässt dieses Solidaritätsgefühl nicht wachsen.

Kapazität für Beziehungen

Mit wie vielen Personen können, wollen Kinder eine Beziehung haben, eine engere. Als Kleinkind? Zwei, drei, vier? Bei wie vielen fühlt es sich wohl, geherzt zu werden, gewickelt?

Und im Kindergartenalter, wie vielen Leuten möchte es von sich erzählen, von wie vielen möchte es geliebt sein, nicht nur im Moment bewundert, so dass es sich auch auf dem Sofa anlehnen, anschmiegen würde? Wie oben schon beschrieben, hat es allenfalls schon in der Kita oder Spielgruppe, in der Nachbarschaft einige Leute kennengelernt, fühlte sich von ihnen angezogen, vertraute ihnen, aber viele sind aus seinem Leben wieder verschwunden. Und als Jugendliche Beziehungen zu Erwachsenen aufrechterhalten, ist in dieser Entwicklungsphase wenig ausgeprägt. Kinder leben in einer kinderfreundlichen Zeit, sie bekommen viel Aufmerksamkeit. Die meisten Erwachsenen sind ihnen wohlgesinnt und möchten sich an ihnen erfreuen, suchen ihren Kontakt. Zudem haben die Kinder ja auch noch Freundinnen und Freunde, die sich gegenseitig mögen. Mit wie vielen Menschen kann und will man sich eng verbunden fühlen? Vielleicht mit drei, vier über lange Zeit, plus drei, vier über eine gewisse Zeitspanne. Kinder funktionieren, bis weit ins Jugendalter hinein, betreffend Nähe zu ihren Mitmenschen vielleicht so: Eltern und ein, zwei nahe Personen, die in ihrer frühen Kindheit im Alltag stets zugegen waren, sind ihnen wichtig. Zu denen haben sie eine Bindung. Zu drei bis fünf weiteren haben sie eine Beziehung, einen guten Draht, mögen mit ihnen immer wieder gerne zusammen sein. Und nochmals diverse, mit denen sie sich in gewissen Szenerien wohlfühlen. Die Betreuerin in der Kita, die Flötenlehrerin während der Flötenstunde, der eine Großvater bei ihm zu Hause beim Eile-mit-Weile, die eine Großmutter zum Hüten abends mit den schönen Gutenachtgeschichten und so weiter. Wertvolle Zeiten für die Kinder, gute Erinnerungen.

Diese Erläuterung könnte auch im Kapitel Konkurrenz beschrieben sein. Ich erwähne sie hier, weil Kinder auf zu viele Annäherungsversuche oder zu viele Vertraulichkeitsangebote tendenziell irritiert reagieren. Sie können auch Großeltern als störend empfinden, wenn diese sich wie selbstverständlich zum engsten Kreis der ihnen ganz nahe stehenden Menschen zählen.

Großeltern sein

Es gibt kein klassisches Großelternsein. Allenfalls gibt es ein Urmodell, das Bild, das sich als erstes einblendet, wenn man daran denkt. Ältere und alte Menschen, die von Großkindern besucht werden, mit ihnen spielen, ein Gebäck nach Omas Rezept genießen, die Kleinen hüten. Das gibt es, wenn auch nicht mehr so oft. Die Art des Großelternseins könnte man in verschiedene Qualitäten von Beziehung, Zeit und Distanz einteilen und entsprechend anschauen, welche Chancen diese für eine möglichst gute Beziehung zu den Enkelkindern enthalten. Welche Grenzen sie haben und worauf man achten kann. Eine Art kann sich mit einer anderen kombinieren.

Großeltern mit Bindung

Bindung und Beziehung kann man, soll man hier unterscheiden. Bindung meint die wenigen Personen, die während der ersten zwei, drei Jahre nahe und viel mit einem Kleinkind den Alltag verbringen; Hätscheln, Tätscheln, Wickeln, Essen geben, in den Schlaf wiegen. Die ersten vertrauten Stimmen, Gerüche und Gesichter, die in die Wahrnehmung der Kinder einfließen. Eltern, Elternfiguren. Hätte ein Kind all diese nicht mehr, wäre es sehr verloren. Ein Kind benötigt in den ersten Jahren mindestens eine solche Nähe, um das Urvertrauen in die Welt aufbauen zu können. Ergeben sich in dieser Lebensphase Brüche, wird sich bei diesem Kind vermutlich eine immerwährende Skepsis in das Vertrauen zu Leuten, die ihm nahe kommen, einschleichen.

Beziehung ist weniger nah und früh. Beziehungen ergeben sich durch vertraute, sich einig fühlende und wiederholende Begegnungen. Gute Zeit zusammen verbringen. Beziehungen können immer wieder entstehen und vergehen.

Großeltern, zu denen ein Kind eine Bindung hat, verbrachten in der ersten Zeit seines Lebens sehr viel Zeit mit ihm, waren in seinen Alltag eingebunden. Sie lebten in der Familie des Kindes oder das Kind in ihrem Haushalt. Man lebt im gleichen Haus oder nah nebeneinander, ergänzt sich im Alltag. Wenn so gewollt, so eingerichtet, dann ist meistens ein Familienbetrieb der Grund. Oder diese Nähe zu den Enkelkindern ergibt sich aus einer Notwendigkeit. Es musste so sein, ging nicht anders. Dann ist es meistens eine junge alleinstehende, alleingelassene Mutter mit ihrem Kind.

Viele junge Mütter in einer solchen Situation suchen bald nach der Bébézeit wieder ihren alten jugendlichen Lebensstil. Freizeit verbringen mit der alten Clique, wieder dieses Outfit, wieder an die Partys, wieder… Und in einer solchen Konstellation bekommen Großeltern meistens auch mit, dass sich die Mutter wieder verliebt hat oder zumindest wieder einen Partner kennenlernen möchte. Und sehr oft scheint den Großeltern, es sei die wieder aktivierte Art der Freizeit vor dem «Unglück» und der allenfalls Neue nicht viel besser als das Vergangene. Man ist versucht, zu intervenieren. Nicht nur mit Reden, vielleicht auch damit, dass man an den Wochenenden nicht mehr hüten will, wenn Zeit für Ausgang wäre. Man versucht, diese Gelegenheiten und dieses Tun indirekt über das Enkelkind zu unterbinden, wenn man es nicht verbieten kann. Macht das Sinn?

Viele zu frühe Schwangerschaften entstanden nicht einfach aus freier Lebenslust und einer großen Portion Unbekümmertheit. Viele frühe Schwangerschaften haben mit Opposition zum Elternhaus zu tun, einem massiven Ablösungsprozess. Bekämpften Eltern eine Freundschaft, konnte diese nicht aufgegeben werden, um nicht nachzugeben. Das freie Erspüren, ob dieser Freund der richtige ist, war nicht möglich, weil er im Widerstand zu den Eltern nicht aufgegeben werden konnte.

Um nicht wieder ins gleiche Fahrwasser zu geraten, kann das für Großeltern in solchen Konstellationen bedeuten, dass sie ihrer Tochter, die nun auch Mutter ist, in ihrem Individualleben eine große Freizügigkeit einräumen müssen. Sie muss jetzt ihren Platz draußen finden, sie muss sich dort wieder ausprobieren. Sie ist nicht nur Mutter, sie ist auch ein sich in die Gesellschaft hineinwachsendes Individuum. Auch wenn man zusammenwohnt, die junge Mutter hat ein Privatleben. Großeltern kann dies wie ein

Doppelleben erscheinen. Zu Hause das Mami, geht sie in den Ausgang, wieder die Partygängerin, die Gotikdiva oder was immer auch ihr Stil gewesen war.
Und sollte die Mutter sich wieder verlieben und eine neue Partnerschaft eingehen, so will sie sich vermutlich zuerst mit dem neuen Partner finden wollen. Die neue Zweisamkeit kann bedeuten, dass sie mehr mit dem neuen Mann als mit dem Kind zusammen sein will. Allenfalls öfter nicht zu Hause schläft. Und dann bald die neue Lebensform zusammen mit ihrem Kind erproben will. Das kann manchmal rasch zu markanten Veränderungen führen. Die Mutter wenig anwesend, die Großeltern oft mit dem Enkelkind zusammen. Dann die Mutter mehr mit dem Kind und dem neuen Partner zusammen, die Großeltern wieder mehr allein. Allenfalls zieht die Mutter mit ihrem Kind bald mit dem neuen Freund zusammen. Und dies womöglich alles mit einem Gefühl und großer Skepsis der Großeltern, dass das nicht gut kommen kann. Man muss sich als Großeltern in solchen Situationen «einiges bieten lassen».
Aus Sicht des Enkelkindes kann man es so ansehen und gestalten: Das Enkelkind hat ein konstantes Zuhause mit oft anwesenden Großeltern und einer etwas weniger konstant anwesenden Mutter, die vielleicht ja noch in Ausbildung ist oder arbeitet. Das Enkelkind erlebt Zuverlässigkeit vonseiten Mutters nahestehenden Nächsten. Je weniger Spannungen und Befürchtungen es mitbekommt, desto besser. Je mehr die Großeltern der Mutter ermöglichen, ihr neues Leben, das ihr wichtig ist, ausprobieren zu können, desto größer ist die Wahrscheinlichkeit, dass es in Zukunft stabiler wird.
Finden sich Eltern quasi unfreiwillig wieder nah und abhängig zu ihren eigenen Eltern, tendieren sie meist, diese Nähe und Abhängigkeit so bald wie möglich wieder aufzulösen, sich aus der Not herauszuschaffen, sich von ihren Eltern wieder zu lösen, sich selbstständig zu machen. Die intensive Fürsorge seitens der Großeltern wird aufgelöst. Aus Sicht des Kindes ist dieses Auseinandergehen möglich. Ein oder zwei sehr Vertraute leben weiter eng mit ihm zusammen. Für die Großeltern, wenn nicht müde von einem intensiven Alltag, ist es eher undankbar. Möchten sie weiterhin so nah sein können, können sie nicht damit argumentieren, dass das

Kind sie braucht. In vielen Biografien sind große Veränderungen in der Kindheit geschehen, schmerzhafte, aber überwindbare. Für ein Kind kann es ähnlich sein wie bei einer Trennung der Eltern. Wichtig ist dann, dass aus dem Kind kein Opfer mit einem Trennungstrauma gemacht wird, sondern es ein normales Kind bleibt, welches Unterstützung und Verständnis in seiner herausfordernden Lebensgeschichte bekommt. Trennt sich der Alltag von diesen elterlichen Vertrauten, wäre es gut, wenn diese in der Nähe blieben, immer mal wieder da wären, diese Vertrautheit weitergelebt werden könnte.

Dauert dieses Familienmodell länger, bis hin in die Kindergarten- oder Schulzeit, werden und bleiben die Großeltern elterliche Figuren für ein Kind. Dann wäre es mehr als ideal, dass sie nicht ganz aus dem Alltag herausfallen, sie beispielsweise regelmäßig hüten oder für den Mittagstisch sorgen können.

In den Dreigenerationen-Konstellationen Großeltern, Eltern und Kind lauert meistens die Gefahr, dass sich Eltern und Großeltern in verspätete oder sich wiederholende Ablösungskonflikte verstricken. Und dies gepaart mit Angst und Sorge um den Nachwuchs. Das kann heißen, dass man sich wie damals verpflichtet fühlt, sich gegenüber den eigenen Kindern durchsetzen zu müssen. Auf Elternseite dürften Abhängigkeitsgefühle und Verpflichtung zu Dankbarkeit mitspielen, die wechselseitig Anpassung und Widerstand provozieren können. Wer ist nun gescheiter, wer weiß, was jetzt nötig ist, wer setzt sich durch, wessen Gefühle und Erziehungsansichten haben Vorrang? Wer bestimmt den Lebenswandel? Besonders bei Müttern kann sich eine Angst einschleichen, das Kind zu verlieren, es an die eigene Mutter zu verlieren. Fingerspitzengefühl und Großzügigkeit sind gefragt. Auch wenn eine Mutter von ihren Eltern profitiert und kaum Dank zeigen kann, sollte ihre Art meistens Vorrang bekommen. Ihre Weise, wie gehätschelt und getröstet wird, ihre Ernährungsphilosophie, ihre Gutenachtrituale, ihre Mode, ihr Style soll mehrheitlich zum Zuge kommen. In ihrer Anwesenheit muss sie mehr Recht bekommen. Ist sie nicht anwesend, können Oma und Opa es eher so machen, wie sie es gewohnt sind. Wobei die Unterschiede des Enkelkinds wegen nicht allzu groß sein sollten. Vielleicht kann man sich in der oberen Generation absprechen, dass das Vergangene, das immer noch unterschwellig mitschwingt, möglichst unbeachtet bleiben soll. Dass man sich quasi nur um ein gutes Zuhause für das Enkelkind kümmern will. Großelterns Leitmotiv könnte sich unter solchen Umständen an sehr großzügigen Familiendienstleistern orientieren. Das Schicksal entgegennehmen, viele, aber nicht alle Kompromisse eingehen, ergänzen und im Hintergrund absichern. Lücken mehr oder weniger unkommentiert füllen. Stabilität geben. Der Dank kommt vielleicht viel später. Allenfalls indirekt, wenn es überstanden ist und das Enkelkind seinen Weg geht. Dem Enkelkind mittels seiner Mutter einen guten Start ins Leben ermöglichen.

Großeltern, die in eine solche Konstellation gehen, sollten einberechnen, dass diese vermutlich nur von beschränkter Dauer ist.

Großeltern mit Beziehung

Vermutlich werden die Großeltern die Enkelkinder lieber haben, sich ihnen näher fühlen als umgekehrt.

Beziehung entsteht durch gemeinsam verbrachte Zeit, immer wieder. Anfangs, wenn es klein ist, wird es vermutlich notwendig sein, dass sich das Kind in Anwesenheit eines Elternteils an diese andere Person gewöhnen kann. Also nicht forcieren, das Enkelkind nicht zu schnell und zu lang umsorgen wollen. Für das gemeinsame Zusammensein, auch ohne Eltern, ist angewöhntes, aufgebautes Vertrauen nötig. Ich betone dies vor dem Hintergrund, dass Kleinkinder nur noch selten in einem relativ offenen Haushalt Säuglinge sind, in dem sie sich an viele Gesichter, Stimmen und Gerüche gewöhnen können.

Kleine Kinder fühlen sich in ersten Momenten, wo es aufregend, lustig oder zärtlich ist, schnell einmal wohl. Werden sie müde, bekommen Hunger, so sind die Nächsten, die Nahestehendsten ihre Sicherheit. Entdeckt sich ein Kleinkind nach einiger Zeit, wenn Hunger kommt und sich Quängeligkeit einstellt, in den Armen des Opas und ist sich an ihn nicht gewöhnt, kann es erschrecken und sich verloren vorkommen. In seiner Bedürftigkeit fehlt ihm das gewohnte Gesicht, die vertraute Stimme, der angenehme Geruch. Solche Szenen sind für das Kind nicht traumatisierend. Aber es kann sein, dass es noch über längere Zeit skeptisch auf diese

Erscheinung Opa reagiert, man wieder aufbauen muss. Und vermutlich ist es mehr für die Eltern irritierend, wenn sie eine solche Szene mitbekommen. Sie wollen das Beste für ihr Kind und wissen um viele Gefahren. Sie könnten zurückhaltender dabei werden, ihr Kind dieser Person zu geben, zu überlassen. Als Großeltern nicht allzu sehr forcieren, behutsam aufbauen, bis das Vertrauen gewachsen ist.

Beziehung entsteht auch durch zusammen überstandene Krisen. Hunger, nicht sofort gesättigt, aber dann von Oma gefüttert. Hingefallen, eine Schürfung von Opa gepflegt. Das Smartphone nicht in die Hände bekommen und dann anders abgelenkt und wieder zufrieden. Eine erste Nacht bei den Großeltern, etwas Angst beim Einschlafen, aber dann gut geschlafen und ein gewohntes Frühstück. Eine gute Beziehung heißt also nicht nur Verwöhnen.

Zusammen lernen, Krisen zu durchleben, geht besser ohne Beisein der Eltern. Eltern fällt es schwer, für das Kind in der «Not» nicht da zu sein. Kindern geht es im Beisein der Eltern immer etwas schlechter als ohne sie. Fällt es hin und die Mutter ist nah, tut es sehr fest weh, oder es weint so heftig, dass es so scheint.

Fällt es hin, und es sind nur andere Kinder rundum, tut es weh, aber es weint kaum. Im Beisein der Eltern ihnen als Großeltern beweisen wollen, dass sie quasi genauso tröstend wirken können, ist

ziemlich schwierig. Ist das Vertrauen der Eltern so groß, dass sie ihr Kind den Großeltern überlassen, sie es hüten lassen, ergeben sich garantiert Szenarien, in denen die Großeltern tröstend und fürsorgend sein können. Beziehung entsteht.
Beziehungen zu Großeltern können in jedem Alter wachsen, auch wenn man sich nicht oft begegnete. Nicht mit jedem Enkelkind, aber mit denen, mit welchen die Affinität, das sich Nahestehen, die Verwandtschaft, Seelenverwandtschaft, mitschwingt.
Nahe Beziehungen sind bezüglich älter werdenden Enkelkindern immer auch deren Entwicklung ausgesetzt. Im Trotzalter wird auch gegen die beziehungsnahen Großeltern getrotzt, und in der Pubertät grenzt man sich auch von den lieben Großeltern ab.

Zeitliche Großeltern

Die Großeltern wohnen weiter weg, man sieht sich wenig, nur an Wochenenden, in den Ferien. Das heißt für die Großeltern, in den ersten Jahren mit den Großkindern kaum Zeit allein verbringen zu können. Die meisten Interaktionen mit dem Großkind finden im Beisein eines Elternteils statt. Diese Zeiten zusammen haben Besuchscharakter. Als Großeltern gewinnt man das Kind so lieb. Das Kind erlebt aber Oma oder Opa als Abwechslung, nicht als umsorgenden Teil seines vertrauten Alltags, also als eher unwichtig. Um die Großeltern auch gleich «lieb» zu bekommen, fehlt das Umsorgende. Dieses Liebgewinnen entwickelt sich nicht gegengleich. Das Enkelkind gewöhnt sich an seine Großeltern, doch wächst zwischen ihnen nur wenig Innigkeit.
Im «Besuchsmodus» erfüllt sich auch kaum der oft gehegte Wunsch von Großeltern, die eigene Tochter oder den eigenen Sohn nun ureigens allein, ohne den anderen Elternteil, als Mama oder Papa erleben zu können und mit ihnen das nahfamiliäre Gefühl des Nachwuchses teilen zu können. In diesen Zeitsequenzen kann es auch heißen, Schwieger- oder Generationendifferenzen für einige Stunden oder Tage zugunsten der Beziehung zu den Enkelkindern in den Hintergrund zu stellen.
Später, wenn die Kinder an die Großeltern gewöhnt sind, ein gewisses Vertrauen entstanden ist, fällt es Kindern relativ einfach, und können sie es auch sagen, dass sie sich freuen, allein mit den

Großeltern Zeit zu verbringen, Wochenende oder Ferien. Hier ist jedoch noch Folgendes zu erwähnen: Eltern fragen die Kinder meist, ob sie sich freuen, sie hören auf ihre Kinder. Auch wenn Kinder schon einmal mit den Großeltern allein waren, ganz gut mit ihnen zurechtgekommen sind, es mit ihnen wirklich schön hatten, sagen sie zu solchen Fragen nicht so leicht ja, weil eine Veränderung ansteht. Viele Kinder lieben das Konstante, nicht wegzugehen, nicht aufzuhören zu spielen, sich nicht extra schön anzuziehen, sich einfach nicht in andere ungewohntere Szenerien zu begeben. Also besser nicht forcieren, bis sich die Eltern der Großeltern sicher sind. Oder, damit solches dauerhaft entstehen kann, anfangs mit Übergangszeiten Sicherheit entstehen lassen. Die ersten Stunden oder Tage alle drei Generationen zusammen, dann kann man die Mittlere schicken. Bis solches ohne Übergabezeit möglich ist, kann es gut bis Mitte Primarschulzeit der Enkelkinder dauern.

Kinder sind ja oft auch mehr sach- denn beziehungsorientiert. Hier können «Lockvögel», den Kindern mit den Eltern Gewohntes oder bei den Großeltern schon Erprobtes, mithelfen. Statt mit dem Vater nun mit den Großeltern auf den großen Spielplatz mit der großen Rutschbahn gehen oder ins Hallenbad. Oder zu den Großeltern gehen und dort wie auch schon, backen, die Hasen auf dem Bauernhof besuchen oder Tramfahren gehen. An Gewohntes anknüpfen. In dem Sinn «nicht zu den Großeltern gehen», sondern mit ihnen dieses oder jenes unternehmen.

Meines Erachtens dürfte man Eltern ermutigen, diesbezüglich offener zu sein. Sind Kinder mal bei den Großeltern, die Eltern selbst weggefahren, richten sich Kinder meistens rasch ein und machen mit, finden es gut.

Großeltern als Unterstützer

Das beziehungsbildende Zusammensein von Großeltern und Enkelkindern ist für Eltern oft entlastend. Damit diese arbeiten gehen oder eine Veranstaltung besuchen können, schauen die Großeltern zu den Kleinen. In solchen Situationn signalisieren die Eltern ein Muss, muten es den Kindern zu oder, anders gesagt, geben den Kindern das Vertrauen, mit den Großeltern zurechtzukommen.

Ist alles gut, läuft alles gut, und die Großeltern können einfach Zeit mit den Kleinen verbringen, können sie etwas verwöhnen, etwas großzügiger und gemütlicher sein. Können auch etwas mutiger sein. Die Betonung liegt auf «etwas».
Eine große Qualität der Großeltern in dieser Rolle ist die zeitliche Verlässlichkeit gegenüber den Eltern. Die Termine der Eltern sind wichtig und sollten Vorrang haben. Beruflich natürlich, aber auch, wenn es «nur» um den freien Nachmittag der Schwiegertochter geht, wo sie sich mit einer Freundin treffen will. Kinderfreie Zeiten sind wichtig für Eltern. Eingespannte Eltern und zwei, drei Kinder bedeuten, immer wieder Termine suchen, abtauschen, Arzt, Zahnarzt, Schule und oder eine Aufführung mit dem Kind als Akteur.

Können sich die Eltern nicht verlassen, neigen sie bald einmal dazu, Konkurrenzangebote anzunehmen: Spielgruppe, Kita oder Tagesmütter.

Großeltern sein von mehreren Enkelkindern und das Gerechtsein

Was tun, wenn wir es allen recht machen wollen? Am besten damit aufhören, es kann nicht funktionieren. Gerechtigkeit. Früher waren oft die Buben bevorzugt. Einer sollte den Hof oder das Geschäft übernehmen. Oder nur ein Kind konnte eine höhere Ausbildung genießen. Für alle reichte es nicht. Oder die Kinder der Stiefmutter wurden einfach mehr geliebt. Oder das liebste und sympathischste Kind erschmeichelte sich seine Vorteile. Solch Vergangenes schleicht sich oft wieder in den jungen Familien ein. Jetzt muss es gerecht sein. Diese Suche nach Gerechtigkeit, kein Kind soll bevorzugt sein, fördert unter anderem auch die oben beschriebene größere Achtsamkeit der heutigen Eltern. Jedem Kind gerecht zu werden, bezieht sich nicht nur auf das einzelne, sondern auch auf den Verbund der Geschwister. Dies besonders, wenn zwei Geschwister nicht weit auseinander geboren wurden, sich ihre Entwicklungsschritte zunehmend angleichen. Bei ihnen muss man die Balance suchen. Und sind die Enkelkinder auf mehrere Familien verteilt, könnten die Geschwister, nun selber Eltern, gegenseitig vergleichen, wie die Großeltern die Enkelkinder beschenken und behandeln.

Gerechtigkeit im Familiären zu suchen, lohnt sich nicht, Familiäres ist nie genau gerecht. Doch hat sich diese Frage eingeschlichen, muss man ihr einigermaßen Beachtung schenken. Geht es um Geld, könnten Großeltern deklarieren, dass sie ihre Geschenke im Rahmen eines gewissen Budgets aussuchen oder wünschen lassen. Ob normale Weihnachten und Geburtstage oder besondere Anlässe, ein Budgetrahmen ist deklariert. Und ergibt es sich, dass man vor allem mit einem Enkelkind oft zusammen ist, kann es gut sein, dass man ab und zu auch mit dem andern oder den anderen mal was unternimmt. Dass man sich dies verbindlich vornimmt. Großeltern können für ihre Enkelkinder ein Zeitbudget bestimmen. Budgets für Geld und Zeit über einen längeren Zeitrahmen hinaus haben den Vorteil, dass nicht bei jeder Woge nach dem Wert beurteilt werden muss. Dies ergibt über einen längeren Zeitbogen den Eindruck von ausgeglichen, einigermaßen gerecht.

Großeltern unterschätzen manchmal ihre Bedeutung als Liebe und Unterstützung gebende familiäre Instanz und bemerken nicht, wie wichtig sie diesbezüglich noch immer sind. Und auch wenn sie nichts davon hören, darüber nicht gesprochen wird, sie könnten daran gemessen werden.

Großeltern als Ergänzung

Die Enkelkinder wohnen in der Stadt, die Großeltern auf dem Land. Die Eltern leben alternativ, die Großeltern bürgerlich. Opa ist Musiker und Oma Malerin, ihre Kinder erbten diese Talente nicht, leben diese Art nicht. Regelmäßig bei den Großeltern Zeit verbringen, an ihrem Lebensstil in ihrem Ambiente teilnehmen zu können, ist eine Bereicherung für die Enkelkinder.
Und es gibt Elternpaare mit recht unterschiedlichem kulturellem Hintergrund, bei denen der mitteleuropäische Teil beruflich sehr beschäftigt ist, am erziehenden Alltag wenig teilnehmen kann. Dem fremdländischen Elternteil fällt es nicht leicht, das Kind schon recht früh mit andern Kindern, lokalsprachigen, zu verknüpfen. Frühkindliche Förderung, vor allem der Umgang mit andern Kindern in der Sprache, die dann einmal im Kindergarten und in der Schule gesprochen wird, wird als sehr vorteilhaft erachtet. Dem fremdländischen Elternteil fällt es nicht leicht, dem Kind auch die Art und Weise der Erziehung zu geben, die das Kind später befähigt, mit den pädagogischen Ansätzen in Kindergarten und Schule gut zurechtzukommen; selbstständig sein, sich wahrnehmen können, sich ausdrücken können, teilen, zuhören, mitmachen, selbstaktiv… Es ist gar nicht so einfach, dies zu beschreiben. Es soll nicht einfach brav und fleißig sein, den Eltern gehorchen. Eltern aus anderen Kulturen haben oft einen großen Teil ihrer Erziehung nicht vorwiegend von der eigenen Mutter erlebt, sie sind in Großfamilien aufgewachsen. Ihnen ist es fremd, auf einen Spielplatz zu gehen, die Kinder mit anderen Kindern spielen zu lassen und mit andern Müttern zu plaudern. Sie kennen es kaum, in der eigenen Wohnung ihren Kindern eine wie im oben erwähnten Sinn fördernde Kinderstube zu gestalten. Mit ihnen anregend zu spielen, das Kind selbstbeschäftigend zu beschäftigen und ihm gewisse motorische, feinmotorische Fertigkeiten (Basteln und Gemüserüsten) zu vermitteln. Oder es erleben zu lassen, dass man auch im Spiel verlieren kann, nicht alles sofort erreichbar ist, auf etwas hinzuarbeiten… Hier können Großeltern schon früh ergänzend in der

Erziehung mitwirken, indem das Großkind öfter bei ihnen ist, an ihrem Leben teilnimmt, sich in ihrer Art zu bewegen lernt. Vielleicht auch, und das muss nicht spezifisch mit Migration zu tun haben, einen Alltag mit weniger digitalen Medien (Handy und Tablets) erleben lassen. Es muss kein spezielles Kinderprogramm sein, es kann einfach dieses andere Eingehen auf das Kind sein. Auch Einkaufen gehen kann dazugehören.
In dieser ergänzenden Rolle ist zu beachten, dass sie eben ergänzend gemeint und auch so verstanden werden sollte, dass sie nicht falsch taxiert wird. Ein Entgegenkommen, nicht umerziehend.

Großeltern als Identifikationshilfen

Kinder suchen in der Jugend, auch im jungen Erwachsenenalter, ihre Wurzeln. Wollen sie sich selbst verstehen können, müssen sie auch ihre Herkunft kennen. Ihre Identität besteht aus mehr als ihren Eltern, das heißt, aus zwei Herkunftszweigen. Leben die Großeltern weiter weg und es besteht wenig Kontakt, bleibt in der Kindheit deren Teil des Familiären mit Wesensart und unmittelbar erlebbarer Mentalität verborgen. So manches Kind gleicht kaum seinen Eltern, aber von einem Großelternteil hat es sehr viel mitbekommen, in ihnen können sie einen wichtigen Teil ihres Selbst entdecken. So manchem Kind bleiben die Eltern ein Rätsel, weil in der Ehe der Eltern Gewisses verborgen blieb. Bei den Großeltern kann man es erspüren.

Viele Kontakte zu den Großeltern verdünnen sich gegen das Jugendalter hin. Gehütet werden entfällt, die Jugendlichen unternehmen vieles selbstständig, sind oft außerfamiliär beschäftigt.

Die Großeltern-Enkel-Begegnungen könnten im jungen Erwachsenenalter wieder belebt werden, um diesen Teil der Familie erlebbar zu machen.
Wenn sich Gemeinsames, das allen Beteiligten gefallen soll, kaum mehr finden lässt, so kann man als Großeltern Familienverpflichtendes einsetzen. Jugendliche lassen sich zu Geburtstags- und Familienfeiern oder zur Tradition gewordenen Essen oder gar Ausflügen leichter einladen, weil es nicht um Angleichen oder Übereinstimmen geht, sondern um eine Verpflichtung oder dass sie den Großeltern einen Dienst erweisen können. Sind sie dabei, kann man sich erleben. Dass die Jugendlichen das toll finden, dass man dies spürt, kann man nicht voraussetzen. Auch wenn sie nur gelangweilt mitmachen, sie erleben ihre Großeltern. Jugendliche dürfen sich bei solchen Anlässen etwas daneben aufführen, leicht flegelhaft, Hauptsache, sie sind dabei.

Wenn zwischen den oberen Generationen Queres liegt, muss man damit vielleicht zuwarten, bis die Enkelkinder sich von ihren Eltern gelöst haben. Es kann sein, dass man sie dann ohne Eltern einlädt. Irgendwann ist es legitim, dass die Enkelkinder auch von den schwächeren Seiten der Eltern erfahren. Oder bestätigt bekommen, was erahnt worden war, aber unter dem Teppich blieb.

Großeltern als ruhender Pol

Nicht wenige Familien leben mit einigen Turbulenzen. Die Eltern sind so sehr verschieden, können sich schlecht einigen, die Kinder bewegen sich immer wieder in deren Zwietracht. Das Geld ist knapp, und Sorgen trüben deshalb das Familienklima. Kinder haben einen etwas neurotischen Elternteil, eine egozentrische Mutter, einen Vater mit Hang zu einem Aspergersyndrom oder haben ein Geschwister mit ADHS, das viel Platz einnimmt. Oder die Eltern leben getrennt, und das Hin und Her zwischen den Eltern ist nicht einfach. Der alleinerziehende Elternteil ist im Stress zwischen Erwerbsleben und Haushalten. Es ist nicht ganz so schlimm, dass… Aber es ist sehr anstrengend für das Kind. «Das arme Kind!», möchte man sagen.

Wie erleben Kinder solches? Bis zum Alter von drei, vier Jahren sind sie mitten drin, erleben ein schwieriges Familienklima wie schlechtes Wetter. Es ist unangenehm, kann zermürben. Viele Kinder haben die Fähigkeit, in ihre eigenen Welten abzutauchen, spielen intensiv, gehen in tröstende oder heilende Fantasien, sind Prinzessinnen, heldenhafte Ritter. Oder sie spielen sehr pflegend mit Puppen oder Tieren. Sie wehren sich im Moment, mit Trotz, heftig weinend, ablenkend. Etwas älter, können sie orten, woher die Probleme kommen und Ungerechtigkeit spüren. Sie können sich dann auf die eine oder andere Seite schlagen. Die meisten aber bleiben neutral, sind darin verstrickt, gehören dazu, beginnen sich mit ähnlichen Mustern, wie die Familie streitet, einzumischen, abzulenken. Oder sie versuchen, mit ungebührlichem Verhalten auf sich abzulenken, eine Art kindlicher Versuch, zu helfen, leider mit den Mitteln ihrer elterlichen «Vorbilder». Es gibt aber auch Kinder, die herausfinden, wie sie sich möglichst gut aus der Sache heraushalten können. Als Jugendliche kommt dann hinzu, dass sie sich zunehmend der Familie entziehen können. Gut, wenn sie sich gute Außenpersonen suchen, nicht gut, wenn dann Rauschmittel ins Spiel kommen.
Für Kinder in solchen Situationen sind ruhige Inseln Gold wert. Kindergarten oder Schule, wenn sie ihren Frust dort nicht ausleben, sondern das ihnen entgegengebrachte Wohlwollen annehmen können, können für sie sichere Zeiten sein. Und eben auch regelmäßig bei und mit den Großeltern Zeit verbringen. Kinder wünschen, dort nicht wie arme Kinder behandelt zu werden, sondern einfach ganz normal. Vielleicht nur, leicht verwöhnt zu werden, aber vor allem einfach Kind sein können. Und beginnen sie zu reden, anzudeuten, was zu Hause abläuft, sie einfach reden lassen, hören, was sie sagen, wie sie es empfinden. Nicht auf Lö-

sungen hin drängen. Nicht für die eine oder andere Seite entscheiden. Aber Gefühle von Ungerechtigkeit bestätigen. Formulieren können, was beschäftigt, ist viel wert. Und das Gehörte nicht zu den Eltern tragen, Vertrauensperson sein.

Sind die Großkinder älter, jugendlich, darf es sein, dass man mit ihnen ihre Situation genauer bespricht; wie es sich selbst in der Situation fühlt und bewegt. Welche Zusammenhänge es ausmachen kann, mögliche Gründe, die mitspielen. Rechte, die es hat, hätte, noch nicht für sich beanspruchen kann oder sich nicht getraut, sie anzumelden. Mögliche Hilfe zu skizzieren, hilft. Solidarität spüren lassen. Das kann auch heißen, dem Enkelkind Mut geben, dort zu leben, sich für das Vernünftige zu engagieren, sich zu schützen, sich nicht entmutigen zu lassen. Es sei seine Familie, aber seine Zeit komme, es kann sich dort zunehmend emanzipieren.
Für Großeltern kann diese Rolle sehr herausfordernd sein. Einerseits weil man dieses Unrecht selbst kaum aushält, helfen möchte und trotzdem lange zuschauen muss, wie es das Enkelkind nicht eben gut hat. Anderseits weil es die eigenen Nachkommen betrifft, die eigene Tochter, den eigenen Sohn, die dem eigenen Großkind allenfalls weht tun. Man erinnert sich wieder eigener Unzulänglichkeiten, und Schuldgefühle können aufkommen. Die Krux der eigenen Sippe. Oder das Schwierige der anderen Linie, die Seite des Opas oder der Oma. Und trotzdem hat man seine eigene Liebe darin gefunden. Da ist es nicht einfach, offen und ehrlich gegenüber einem Großkind zu sein. Ein Gedanke: Es ist die nächste Generation, sie soll es besser machen können, Offenheit ist für sie eine Chance.

Großeltern als Beschützer

Es ist genug, man kann es kaum mehr ertragen, man muss handeln, man merkt es deutlich. Ideal, man weiß, dass die Eltern zu ihren Unzulänglichkeiten stehen können, sich deren bewusst sind und bereit, darüber zu reden. Dass sie Signale von außen anerkennen und sich auffordern lassen, Hilfe zu suchen.
Die meisten Eltern in Schwierigkeiten wissen von den eigenen Unzulänglichkeiten, trauen sich aber nicht, darüber zu reden. Groß-

eltern in der Rolle als Beschützer können vielleicht mal einen Schritt wagen, die Frage nach einem etwaigen Zuviel stellen oder sich beschwichtigend äußern.
Öffnet sich kein Dialog, was dann? Immer wenn man einen Eindruck von schlimm und unerträglich hat, ist es gut, diesen Eindruck abzugleichen. Mit den Enkelkindern ist dies bis weit ins Jugendalter nicht möglich. Sie können zu ihrer Familie und Eltern keine Objektivität bestimmen. Sie sind von ihnen abhängig. Auch wenn sie Schlimmes erzählen, ihre Lage können sie nicht realistisch einschätzen. Und sie sind in einem Zwiespalt, möchten es gut für sich haben, möchten aber die Eltern und ihre Familie nicht ins Ungewisse stürzen. Oder möchten sie nicht verraten.
Wenn Kinder schon im Alter sind, wo sie regelmäßig an andern Orten Zeit verbringen, Kita, Kindergarten und Schule, ergibt sich ihnen ein außerfamiliäres Bild. Es ist legitim, die eigenen Zweifel mit außerfamiliären Bezugspersonen abzugleichen. Das ist kein Verrat an der eigenen Tochter oder dem eigenen Sohn, der eigenen Familie. Es ist im Sinn der nächsten Generation.

Im Dialog mit solchen Personen kann erahnt werden, wie es dem Kind in einem breit betrachteten Spektrum geht. Geht es einem Kind ziemlich schlecht, zeigt es meistens auch außerhalb der Familie gewisse Anzeichen. Mit andern die Verantwortung zu teilen, kann sinnvoll sein.
Und allenfalls der Gang zur Behörde, dem Jugendschutz, der Kesb? Bevor man zur Behörde geht, sollte man es auf der freiwilligen Ebene versuchen. Es besteht die Möglichkeit, sich über die bestehenden Sorgen bei Familien- oder Erziehungsberatungsstellen auszutauschen und mit deren Hilfe einen Verbesserungsprozess einzuleiten. Das ist kostenlos, und die Beratenden stehen unter Schweigepflicht. Oder man kann Eltern an solche Stellen vermitteln. Und ist die Not der Enkelkinder offensichtlich, kann man sich an den Kinder- und Jugendschutz wenden. Diese Institutionen sind nicht gleich Anklage. Es ist ein Einstehen für die Rechte des Kindes, dass es ein Recht auf Fairness hat. Solche Stellen haben die Macht, etwas genauer hinzuschauen, eine Abklärung zu machen. Und wenn notwendig, angemessene Hilfe aufzugleisen.

Dazu ist zu sagen, dass es eigentlich allen Eltern bewusst ist, wenn sie mit ihrem Kind grenzwertig umgehen. Sie wissen, dass sie handeln müssten. In dem Sinn kann man sie nicht verraten. Viele Eltern zögern, nach Veränderung zu suchen, weil sie Angst vor einschneidenden Veränderungen wie Trennung, finanziellen Konsequenzen oder Scham haben. In den allermeisten Fällen bringt ein verbindlicher Druck von außen Verbesserungen für das Kind. Und ein Einstehen für ein Enkelkind führt kaum einmal zu einem Bruch zwischen Großeltern und ihren direkten Nachkommen. Auf die Dauer erleben auch Eltern, dass es eine Hilfe war. Für die Enkelkinder ist zu wünschen, dass Großeltern den notwendigen Abstand zum eigenen Kind zugunsten der jüngsten Generation finden.

Großeltern und Trennungs- oder Scheidungssituationen

Gehen die Eltern der Enkelkinder in Trennung, so kann das für Großeltern ganz verschiedene Auswirkungen haben. Sehr oft wird man von der Schwiegerseite mit der oder dem Ex auch abgetrennt. Anderseits entsteht aber auf der eigenen Seite oft wieder mehr Kontakt. Diese Aspekte sind oben thematisiert.
Großeltern können sich in solchen Situationen jedoch hilfreich für die Enkelkinder einmischen. Es braucht Fingerspitzengefühl. Viele Eltern können sich besonders in der ersten Zeit nach der Trennung oder bis die gerichtlichen Entscheide gefällt sind, kaum spannungsfrei begegnen. Die Übergaben der Kinder von Mutter zu Vater und umgekehrt, wöchentlich, zweiwöchentlich, sind konfliktanfällig. Schnell ist eine Absprache um Kleider, die mitzugeben sind, oder eine Info betreffend Kindergarten oder Schule mit offenen oder unterschwelligen Vorwürfen gespickt. Und die Kinder mittendrin. Viele Kinder erlebten Streitereien der Eltern, und wenn sie es in solchen Momenten wieder erleben, ist es für sie wie damals, schlimm, sie ertragen es kaum noch. Da sehe ich eine Möglichkeit für Großeltern, ihren Enkelkindern einen großen Dienst zu erweisen. Wenn sie sich einigermaßen neutral zwischen den Eltern einschätzen können und dies von den eigenen Kindern toleriert wird, können sie solche Übergaben übernehmen. Viele Richter*innen und Familienberater*innen meinen zwar, die Eltern

müssten, weil sie die Eltern sind, sich ruhig und verlässlich bei solchen Übergaben benehmen können. Sie müssten sich in solchen Situationen nur als Eltern, nicht als Ex-Partner begegnen können. Für die Kinder sei es wichtig, dass sie sich friedlich und korrekt begegnen. Aber Eltern werden, hat auch mit tiefen Gefühlen von Partnerschaft zu tun, und die kann man bei einer Trennung nicht so einfach auf der Seite lassen. Kinder müssen Kontakt haben zu beiden Eltern, sofern nichts Gravierendes zurückliegt, aber dass sie sich mit beiden Eltern zusammen erleben müssen, ist nicht notwendig. Schön, wenn so möglich und sehr wünschenswert, aber es muss nicht sofort sein. Kindern, die unter den Streitereien der Eltern litten, tut es gut, über längere Zeit nicht wieder in solch angespannte Situationen zu geraten. Einmal den Sturm überstanden, kann ein neuer die alten Wunden wieder aufbrechen lassen. Also, wenn Großeltern den Draht zu beiden Eltern haben, kann Hin- und Zurückbringen, oder nur eines davon, den Kindern eine Erleichterung bieten. Kommen Opa und Oma mit den Kindern, kann nicht so viel Zündstoff in der Luft liegen. Da geht es sichtbarer um die Kinder. Als Großeltern muss man beachten, dass man dabei nichts auf der Expaar-Ebene vorhat. Nichts vermitteln will, nichts unterschwellig mitteilen will, einfach nichts, nur bringen und holen. Und allenfalls Anspielungen nicht persönlich nehmen, auch wenn es gewisse Gründe gäbe. Es großzügig großelterlich über sich ergehen lassen. Es geht um die Enkelkinder, um Unterstützung.

Und hier stellt sich die Frage, ob und wie man mit Enkelkindern über die Trennung der Eltern reden kann. Das Wichtigste dabei ist

die Haltung zu den Kindern: Kinder sind wegen der Trennung ihrer Eltern keine Opfer, keine bedauernswerten Geschöpfe. Das wollen sie auch nicht sein. Kinder verlieren allermeistens ihre Familie nicht, die lebt dann einfach an zwei Orten. Sie sehen Mutter oder Vater nicht täglich, aber sie verlieren den Kontakt nicht. Für viele Kinder hat es Vorteile. Sie leben in weniger Spannungen und Streit. Sie können mit der Mutter freier die Art der Mutter leben und umgekehrt. Viele erleben die kleinen schwelenden und über die Zeit nagenden Loyalitätskonflikte, das Zwischen-den-Eltern-Stehen und es keinem mehr richtig recht machen zu können, kaum mehr. Am besten, man sieht die Kinder in einem Abenteuer, es schaukelt sie sicher etwas durch, sie kommen so schnell nicht allzu gut damit zurecht, aber es ist spannend, wie sie es machen, sich arrangieren, versuchen, sich zurechtzufinden. Nicht Opfer sein heißt aber nicht, dass man sie nicht trösten soll, wenn sie traurig sind. Viele sind traurig, also trösten. Einige werden bitter enttäuscht sein oder Ängste haben. Dies sollen sie sagen und zeigen können. Aber im Ganzen sind sie keine armen Kinder, keine Opfer. Mit dieser Erkenntnis kann man als Großeltern Kindern eine Stütze sein, sie reden und sich ausdrücken lassen, sie trösten. Was sie über ihre Eltern, Familie sagen, auch wenn es heftig tönt, es muss mal gesagt sein. Man kann ihnen sagen, dass man sie begreife, aber keine Stellung gegen eine Elternseite beziehen. Die Begegnungen mit den Großeltern können für die Kinder ein Ort sein, wo diese Trennung nur eine kleine Bedeutung hat, wo es um sie als ganz normale Kinder geht.
Geht es dem Kind schlecht, bemerkt man eigenartiges Verhalten, hört man Bedenkliches, so darf man sich auch als Großeltern an Familienberatungen wenden, um dies zu besprechen, um Rat zu bekommen.

Großeltern als Begegnung mit dem Alter oder eine Chance für Kinder, sich als wirklich nützlich zu erweisen

Ein vielleicht nicht für alle Großeltern sympathisches Kapitel. Man wird älter, man muss es irgendwann etwas gemächlicher angehen. Das Leben hinterlässt Spuren, kleinere und größere Einschränkungen. Das ist eine Chance für Enkelkinder. In Begegnungen mit Großeltern können sie unmittelbar, ganz reell erfahren, dass Jugendlichkeit nicht ewig dauert. Wie es ist, wenn man nicht mehr voll fit ist.

Der Fokus rund um die Kinder ist heute größtenteils auf ihre Förderung, ihren Fortschritt, ihre Entwicklung und Bedürfnisse gerichtet. Müssen sie sich anpassen, so geht es darum, dass sie über ihre sozialen Kompetenzen ihre Fortschritte erzielen können. Aber einfach so, von du zu du helfen können, nützlich sein, sich wirklich wertvoll vorkommen können, dazu gibt es in ihrem Leben kaum mal Gelegenheit. Kaum ein Kind muss noch Holz vom Keller in den fünften Stock tragen, damit man die Stube heizen kann. Auch nicht helfen beim Bohnenrüsten, damit man im Winter Eingemachtes essen kann. Oder frühmorgens die Milch in die Käserei karren. Solche Arbeiten kennen Kinder in unseren Gegenden kaum noch. Das ist gut so. Aber vielleicht fehlt ihnen auch etwas. Zeigen können, dass man auf sie zählen kann, dass sie auch nützlich sein möchten. Mit gealterten Großeltern zusammen sein und sie unterstützen, behilflich sein, gibt Enkelkindern Gelegenheit, Rücksicht und Hilfe unpädagogisch und aus einfacher Notwendigkeit leben zu können. Beim gemeinsamen Einkaufen langsam gehen, das Gekaufte tragen. Beim Bewältigen von Treppenstufen der Oma oder dem Opa einen stützenden Arm geben. Tee einschenken. Sich bücken und zuunterst aus dem Schrank eine Schachtel hervorkramen.
Die meisten Kinder erfüllen solche Aufgaben bestens. Auch Schusselige (etwas Ungeschickte) erweisen sich bei solchen Ge-

legenheiten als sorgfältig. Erstaunlich? Nein. Denn wenn wirklich notwendig und nicht angeleitet, um zu prüfen, ob sie es können, sind Kinder sehr oft sehr zuverlässig.
So könnte man sagen, Großeltern dürfen sich gegenüber den Großkindern ruhig etwas bedürftiger geben, als sie es wirklich sind. Man darf Schwäche zeigen. Leicht schwächer, leicht zittriger, leicht langsamer. Und ein Bonbon als Belohnung ist genug. Kinder helfen ja gern, wenn es echt nötig ist.

Resümee

Gerne hätte ich aufgezeigt, wie mit einigen wenigen zu beachtenden Freundlichkeiten und Vorsichtsmaßnahmen das Großelternsein einfach gemacht werden kann. Je länger der Text wurde, desto mehr zu Beachtendes zeigte sich, umso mehr Stolpersteine machten sich bemerkbar.
Vieles bestimmt das Schicksal und die Umstände in der Umgebung, in der man lebt. Gesundheit, der Arbeits- und Wohnungsmarkt, die Konjunktur. Schicksal ist für Großeltern auch, in wen sich ihre Kinder verlieben, wo sie leben und ob es Nachwuchs gibt. Man muss als Großeltern sozusagen nehmen, was man bekommt und das Beste daraus machen. Annehmen, was man hat und nicht hadern um dieses Schicksal, wie es wäre, wenn man, damals, …

Klar ist und zeigte sich deutlich, dass, was zwischen Großeltern und Enkelkindern stattfinden kann, über die Achse der Eltern geht. Sie bestimmen Distanz und Erreichbarkeit, den Lebensrhythmus. Die Persönlichkeiten und Talente des Elternpaars, dessen Dynamik, prägen das Leben der Enkelkinder. Die Menge Zeit, die man mit Enkelkindern verbringen kann, hängt sehr vom Einvernehmen mit ihren Eltern ab. Es gilt, mit ihnen klug umzugehen, sich nicht zu sehr von ihnen zu distanzieren, Kompromisse eher in Richtung der erziehenden Eltern einzugehen. Ihre Kinder sind ihnen sehr wichtig, sie wissen um viele Gefahren und wollen eigentlich nur das Beste für ihre Schützlinge.

Großelternsein kann man quasi in zwei Kategorien einteilen. Sie werden benötigt oder nicht.
Werden Großeltern benötigt, steht dies leider häufig mit einem Schicksalsschlag in Verbindung, sehr oft mit einer Trennung der Eltern, finanziellen Engpässen oder gesundheitlichen Problemen. Diese Großeltern bekommen mehr Toleranz für ihr Großelternsein. Sie haben mehr Spielraum, um mit den Enkelkindern zusammen ihren Stil zu leben. Als undankbar kann man es empfinden, wenn sich die Eltern rasch aus der Not herausschaffen und die Großeltern nicht mehr so sehr beanspruchen wie in der Zeit der Krise. Die Großeltern verlieren Nähe und Intensität mit den Enkelkindern. Ist ein solches Engagement anstrengend, allenfalls mit Aufopferung und Kummer verbunden: diese Zeit trotzdem genießen. Etwas böse gesagt, des einen Leid, des andern Glück.
Werden die Großeltern nicht wirklich benötigt, möchten aber einen relativ engen und regelmäßigen Kontakt, eine verbindende Beziehung zu ihren Enkelkindern wachsen lassen, müssen sie sich verbindlich in den Alltag der Familie einbinden lassen. Sie müssen Zeit zur Verfügung stellen, ziemlich flexibel Lücken der Eltern ergänzen, sich zu gewissen Wochentagen oder Schulferienwochen verpflichten. Sie müssen sich Notwendigkeiten der Familie anpassen. Erwerbseinkommen, wie reich oder arm die Enkelkinder leben, bestimmen die Familien. Auch Karrierebedürfnisse von Eltern, ihr berufliches Ziel oder ihre individuelle Lebensgestaltung müssen als deren Notwendigkeiten anerkannt werden. Auch wenn manches übertrieben erscheint, objektiv betrachtet einiges gar nicht wirklich notwendig ist, Großeltern müssen diese Notwendigkeiten akzeptieren. Zuverlässigkeit ist wichtig, sonst wenden sich die Eltern an Alternativen wie Kitas, Hort oder Tageseltern. Allenfalls könnte auch die andere Großelternseite angefragt werden. Großeltern leben heute länger, und so viele Enkelkinder gibt es nicht, man muss sich der Konkurrenz bewusst sein. In einem ziemlich verbindlichen Arrangement genießen Großeltern einen recht großen Spielraum bezüglich ihrer Art und Weise, wie sie Oma oder Opa sind, aber kaum bezüglich Zeit und Zuverlässigkeit.
Solche Verbindlichkeiten einzugehen, entspricht aber nicht allen heutigen Großeltern. Viele freuen sich auf die Pensionierung, möchten sich dann so manches gönnen, haben Angespartes, ver-

spüren Lebenslust und neuen Tatendrang. Möchten sich noch anders verwirklichen. Vielleicht lohnt es sich, für die Enkelkinder Zeit zu reservieren, wenn diese noch klein sind, bis sie in die Schule kommen. In dieser Zeit wächst Beziehung, und die meisten Eltern sind froh um Entlastung. Wie groß die «Opfer» der Großeltern allenfalls sind, müssen die Eltern nicht genau wissen. Sich allzu schuldig und dankbar den eigenen Eltern gegenüber fühlen zu müssen, liegt nicht vielen erwachsenen Söhnen und Töchtern.
Die Kleinkinderzeit ist sowieso die beste Zeit für das Großelternsein. Ab zweiter, dritter Klasse sind viele Enkelkinder ziemlich beschäftigt und eingespannt in Ausbildung und fördernde Freizeitaktivitäten. Was Großeltern physisch noch bieten können, wird für sie immer weniger attraktiv. Und wie schon zuvor erwähnt, man muss damit rechnen, dass Großeltern, je älter sie sind, für ihre Enkelkinder «gewöhnlichere» Leute werden, weil das Gefühl für die Familienbande in den heutigen Konstellationen weniger wächst.
Gute Gelegenheiten, Enkelkinder allein zu erleben, bieten sich über kleine Dienstleistungen. Sie da- oder dorthin zu begleiten, wenn ihre Eltern keine Zeit finden. Mit ihnen etwas anfertigen oder besorgen, was deren Eltern nicht können, keine Lust dazu haben oder wieder keine Zeit finden. Einen Geburtstagskuchen backen, ein Fahrrad reparieren oder Accessoires für ein Schultheater im Brockenhaus aufstöbern gehen. Sich nützlich und praktisch anbieten, sich ein wenig einmischen, aber nicht aufdrängen.
Relativ spendable Großeltern können ihre Enkelkinder oft aber nur zusammen mit den Eltern erleben, wenn sie zu einem Weekend in den Bergen oder am See einladen, oder gar zu einer Ferienwoche. Allenfalls zu einem Bootsausflug. Oder sie den Besuch eines Freizeitparks übernehmen. Viele Eltern überlassen dies gern den Großeltern. Irgendwelche Attraktionen, kleinere oder größere, finden sich immer wieder. Zu jedem Alter gibt es neue. Was die Kinder sich wünschen und den Eltern nicht behagt, sind gute Gelegenheiten für Großeltern. Solches darf pädagogisch «unwertvoll» sein, die Erziehung ist vorwiegend Elternsache.
Erwähnt sein muss auch, dass es bezüglich Eigenheiten und Schrulligkeiten der Großeltern nicht mehr so viel erträgt wie vielleicht noch zu der Zeit, als diese selber jung waren und sie ihre Großeltern erlebten. Die Welt ist konformer geworden bezüglich

menschlichen Erscheinungsbildern. Ein unbefangenes Begegnen mit Charakterköpfen, vom Leben gezeichneten und sich seltsam benehmenden Personen ist vielen Menschen kaum mehr möglich, ohne irritiert zu sein. Auch Enkelkinder sind diesbezüglich sensibler. Sie würden kaum etwas sagen, könnten sich aber entziehen.
Und schließlich dürfen sich Großeltern auch anbieten, einen gewissen Anspruch auf die Großkinder anmelden, indem sie das «Familiäre» betonen.
Jede Generation hat ihre Moden, ihre eigenen Ansichten, wie Erziehung geschehen soll. Die neue Generation hat genauso recht, wie es die alte hatte. Als Großeltern kann man sich wundern und gespannt sein, wie es sich entwickelt und muss bedenken, dass Kinder nicht so sehr erzieh- und formbar sind, wie oft gedacht wird. Jede Generation von Kindern findet ihren Weg.
Vielleicht darf man den Enkelkindern, auch wenn man selbst das Gefühl hat, dass die alte Zeit weit weg sei, Nostalgie wenig bringe, ab und zu aus der eigenen Vergangenheit erzählen. Comics waren damals des Teufels, es gab noch die Sünde, der erste Lohn war weit unter 2000 Franken, die Krankenkassenprämie kostete 40 Franken, in der Bäckerei gabs Studentenfutter zu kaufen… Enkelkinder hören bei solchem vermutlich mit wenig Begeisterung zu, aber es gibt ihnen eine Relation zu ihrer Welt. Aber nicht zu viel von «früher war es besser». Es war einfach anders.
Und immer wieder: Es ist eine Kunst, die alten Geschichten der früheren Generation möglichst auf der Seite zu lassen zugunsten des schönen, wertvollen, faszinierenden, witzigen, erheiternden und herzbewegenden Zusammenseins von Großeltern mit ihren Enkelkindern.

Und was man noch beachten könnte

Aus einigen gehörten Anekdoten

Das frisch getaufte, schon länger herzergreifend laut weinende drei Monate alte Kind nicht vor der ganzen Feiergesellschaft den Armen seiner Mutter entreißen und verkünden, dass Sie es beruhigen können.

*

Bevor die Enkelkinder auf Besuch kommen, die wiederentdeckten Lavendelduftsäckchen frühzeitig aus Schränken und Kommoden entfernen.

*

Wie im Text schon erwähnt: Den Enkelkindern keine Schokoladen und Süßigkeiten mit abgelaufenem Verfalldatum zum Konsumieren schenken. Und Offensichtliches aus dem Brockenhaus ist auch heikel.

*

Bei Strandferien mit Enkelkindern nicht den so freizügigen Achtundsechziger-Jahren ein Revival geben wollen und sich oben ohne oder in knappen Tangas bräunen lassen.

*

Sich nicht via Enkelkinder über das Sexleben ihrer Eltern oder gar nach einer allfälligen Affäre des Vaters erkundigen wollen.

*

Umgang mit Feuerwaffen – wenn überhaupt – nur in Absprache mit den Eltern.

*

Joviale und sexistische Witze an Familienfeiern geben wenig Vertrauen in einen Großvater.

*

Hinweise auf mögliche allergische Reaktionen der Enkelkinder auf gewisse Substanzen beachten.

*

Anerkennen, dass Kindersitze im Auto auch Vorschrift und nicht nur eine Idee der Eltern sind.

*

Es ist schwierig, beiden Eltern glaubhaft zu machen, dass ein Pitbull-Terrier ein niedlicher Familienhund sein kann.

Weitere Publikationen von Daniel Niederberger

Bestellbar in den stationären Buchhandlungen und den bekannten Online-Büchershops im deutschsprachigen Raum

Daniel Niederberger

Hin zu einer kinderorientierten Trennung

Eine Art Handbuch

Taschenbuch, 100 Seiten
ISBN 978-3-9524845-6-2
Erscheinungsdatum: 4.6.2018
Verlag Publishing Partners, Biel

Ein sich trennendes Paar gerät meist in heftige Turbulenzen. Es ist stark von den eigenen Gefühlen und Problemen absorbiert. Oft ist es schwierig, sich auch noch auf die Kinder zu konzentrieren und ihnen die nötige Aufmerksamkeit zu schenken. Mit diesem Problem beschäftigt sich dieses Buch. Es gibt Antworten auf die Frage, was Eltern tun können, um in der Trennung auch den Bedürfnissen der Kinder gerecht zu werden. Das Buch enthält die Essenz aus über 25 Jahren familientherapeutischer, immer wieder reflektierter Arbeit auch mit Familien in getrennter Konstellation.

«Seine Art zu schreiben, gefällt mir sehr gut. Er hat auch eine ausgeprägte Fähigkeit, sich in Leserinnen und Leser hineinzuversetzen und die Dinge sehr gut verständlich auf den Punkt zu bringen. Es macht Freude, ihn zu lesen.»

Frédéric Hirschi, Verlag HIRSCHI + TROXLER

Daniel Niederberger

Weniger erziehen – mehr leben!

Alternativen zum Erziehungsstress

Taschenbuch, 104 Seiten
ISBN 978-3-907147-08-5
Erscheinungsdatum: 14.12.2019
Verlag Publishing Partners, Biel

Weniger erziehen – mehr leben? Sehr viele Eltern erziehen gut; sie suchen das Beste für ihre Kinder, geben ihnen die beste Förderung. Trotzdem, viele Eltern sind oft verunsichert, kennen Schuldgefühle gegenüber den Kindern. Ihre Kinder halten sie auf Trab, führen das Zepter. Erschöpfte Eltern, genervte Kinder, Erziehungsstress. Wie ist das möglich?
Das Buch zeigt auf, wie Präventionswissen, Wohlstand, Kleinfamilie und andere heutige Lebensumstände solche Phänomene fördern können. Was ändern?
Aus der Sicht der familienorientierten Systemtherapie zeigt der Autor mit dreißig Jahren Berufserfahrung andere, entlastende Ansätze: Mit Kindern denkt es kindlich, sie sind nur ihrem Alter entsprechend kompetent. Sie benötigen faire Führung, Zeit, die nötige Toleranz. Erziehung besteht mehrheitlich aus vielen Gewohnheiten im Familienleben, die man den Kindern mitgeben kann. Eindenken in Rollen wie Wanderführerin, Hirte oder das Gestalten des Familienklimas sind die Alternativen.
In unzähligen Beratungsgesprächen wurden diese anderen Einstellungen zur Erziehung besprochen; vielen Eltern waren sie eine Hilfe, ihren Kindern wieder eine stimmige Kinderstube zu geben.